DÉMOCRATISATION DES CADRES DE L'ARMÉE

NOTES COMPLÉMENTAIRES

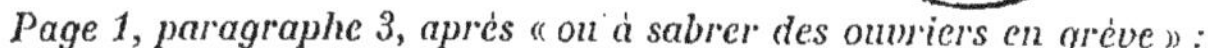

Page 1, paragraphe 3, après « on à sabrer des ouvriers en grève » :

Le 4 octobre 1903, dès le réveil, sur la simple menace d'une grève des employés des tramways de Clermont, sans que rien fit prévoir le moindre désordre, toutes les troupes de la garnison, 4 régiments, furent consignées. Les officiers reçurent l'ordre de se tenir prêts à marcher et, fait monstrueux, deux paquets de cartouches à balle furent distribués à chaque soldat.

En présence de mesures aussi injustifiées qu'exagérées, 4,000 hommes étant consignés pour réprimer une grève qui ne devait mettre en mouvement qu'une soixantaine de travailleurs, on serait tenté de croire au désir de nuire aux fêtes républicaines qui devaient avoir lieu, en jetant la crainte et le trouble parmi la population et les étrangers se proposant de venir à Clermont.

Les partisans de coups d'Etat comptent sur l'état de surexcitation qui se produira parmi les soldats, jeunes gens de 22 à 24 ans, ainsi tenus au quartier, soumis à de fréquents appels, énervés par l'attente d'événements graves, pour disposer des troupes en vue des plus criminelles besognes. Jamais mesures aussi rigoureuses ne furent prises même contre les suppôts de la congrégation en état de rebellion.

Page 2, paragraphe 2, après les mots « La situation loin de s'améliorer s'aggrave tous les jours » :

Les promotions d'octobre 1903 et les mutations qui les ont suivies ou précédées ne sont pas simplement, ainsi que cela a été dit, un retour offensif mais constituent une éclatante victoire de la Congrégation.

Le Ministre de la Guerre qui a, ainsi qu'il l'affirmait à Bordeaux, désarmé les hostilités qu'il avait rencontrées dans l'armée, semble avoir voulu contenter tout le monde.

Aux républicains qui, comme le sage, se contentent de peu, il a donné et il donne des discours, des paroles, du vent.

Aux cléricaux et aux réactionnaires plus positifs, moins faciles à berner, il accorde des avancements, des faveurs.

Par le décret qui a paru juste le jour où les ministres arrivaient à Clermont et dans lequel figurait un colonel d'état-major connu par ses sentiments cléricaux et réactionnaires, le Ministre de la Guerre semble avoir voulu gagner les sympathies des cléricaux et des réactionnaires clermontois qui attaquent avec tant de violence le Président du Conseil, son chef.

On cite même parmi les promus des officiers qui, pour bien marquer leur hostilité contre la République, envoyaient leurs fils, élèves des jésuites, en classe le 14 Juillet.

Page 10, Suppression du Prytanée, paragraphe 3, après « le fonctionnaire de l'Université chargé de l'inspection des études » :

Les officiers qui se livrent à cette propagande cléricale sont l'objet de toutes les faveurs. Malgré les prescriptions réglementaires il en est, notamment au Prytanée, qui appartiennent depuis plus de cinq ans au cadre de l'école et se trouvent ainsi distraits de leur vrai service d'officiers. Mais les services rendus à la congrégation justifient amplement cette violation des règlements.

Quant aux fonctionnaires de l'Université appartenant à ces écoles, lorsque leur incapacité, attestée par la nullité des résultats, est compensée par leur zèle à servir l'église romaine, comme au Prytanée, leur situation devient intangible. (Appointements de 8,000 francs avec logement gratuit et le reste).

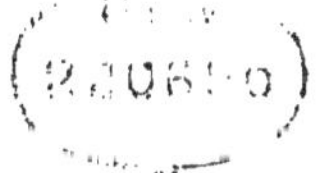

L'infirmerie du Prytanée, pour 4 ou 5 malades, au maximum, sérieusement atteints, emploie 6 religieuses, 1 domestique laïque, 3 garçons de salle, soit dix personnes.

Avec la domestique et les 3 garçons, 3 infirmières laïques recevant avec le logement et la nourriture, 600, 900 et 1,200 francs par an, suffiraient largement. Les religieuses qui imposent une dépense annuelle de 600 francs pour leur nourriture, leur logement, etc., reçoivent en outre une allocation de 250 francs par an, soit une dépense totale d'environ 5,000 francs; il y aurait donc économie à laïciser cette infirmerie comme toutes les infirmeries des écoles militaires.

Les malades en traitement à l'infirmerie sont généralement peu gravement atteints; toute femme, même non préparée, peut d'autant mieux les soigner qu'il existe dans toutes ces écoles un médecin à demeure spécialement chargé du service sanitaire.

La laïcité glorifiée dans les discours pourrait avantageusement passer dans les actes.

Quand au personnel administratif il est hors de toutes proportions, le triple d'un grand Lycée de Paris.

Page 11, paragraphe 1, après « n'ont d'autres débouchés que St-Cyr »:

En mars 1902, un officier commandant en second, avait demandé que l'enseignement manuel fut créé au Prytanée. A l'appui de sa proposition il faisait remarquer que le défaut d'aptitudes pour St-Cyr, seule préparation de l'établissement, condamnait un assez grand nombre d'élèves à l'échec et peut-être à la misère; que cette création pouvait ouvrir au élèves la situation d'officier mécanicien qui, quoique toute nouvelle donnait déjà accès à des situations de capitaines de vaisseau et même à une de contre-amiral; que le Prytanée possédait déjà des ateliers dont la réorganisation aurait même pu donner des économies; qu'enfin le Prytanée, comme le lycée, ne pouvait se soustraire à cette nécessité sociale qui pouvait avoir pour résultat non seulement d'ouvrir des débouchés eux élèves, mais encore de faire disparaître l'antagonisme des classes.

Cette proposition, rejetée avec dédain, ne fut même pas transmise au ministre, ainsi que cela devait être.

Le lieutenant-colonel craignait peut-être de détruire l'esprit de caste parmi les élèves, ou de nuire à son avancement en dérangeant la direction compétente. Quant à l'inspecteur des études, qui s'y montra hostile, il devait probablement avoir des appréhensions pour ses digestions et ses siestes, tout au moins au début de l'organisation.

Page 17, paragr. 12, après « qui emporte le pays vers les principes de la Démocratie » :

Tout récemment, le 11 octobre, à Clermont, un banquet démocratique par souscriptions était donné en l'honneur du Président du Conseil. Le Ministre de la Guerre y assistait. Tous les généraux avaient été invités et tous, sauf un qui avait répondu par un refus plutôt inconvenant, y assistaient également.

Malgré cela il fut défendu aux officiers de s'y rendre, parce que tous leurs chefs n'avaient pas été invités, interprétation quelque peu... ecclésiastique... d'une circulaire ministérielle qui a uniquement pour but d'empêcher des officiers, fonctionnaires de l'Etat, de prendre part à des manifestations anti-gouvernementales, ce qui n'était pas le cas.

Ainsi, d'après ces casuistes... militaires, pour qu'un lieutenant eut pu assister à un banquet il eut fallu que son colonel, son lieutenant-colonel, son commandant, son capitaine y fussent invités. Et dans ce cas, si tout le monde est invité, qui paiera les frais?... Les différents chefs ne pouvaient-ils eux aussi souscrire? Pourquoi cette défense? C'est la question que tous les républicains se posent.

Page 27, paragraphe 5, après « Quant à l'enquête faite par le colonel » :

Deux ex-prêtres catholiques, convertis au protestantisme, devaient faire, du 27 septembre au 4 octobre 1903, au temple évangélique de R., une série de conférences religieuses. Le colonel de ce régiment — clérical infanterie — défendit aux soldats de son régiment d'y assister, sous prétexte que ces conférences étaient publiques.... comme les conférences et sermons catholiques, comme les cérémonies religieuses, les messes, etc., auxquelles il conviait, par la décision, les soldats sous ses ordres, modifiant le tableau de l'emploi du temps, réduisant la durée des exercices, avançant l'heure de la soupe pour permettre à tous d'y assister.

Que deviendraient ces libertés religieuses que réclament avec tant de bruit les cléricaux, si les catholiques étaient les maîtres?? O tolérance catholique !

DÉMOCRATISATION
DES
CADRES DE L'ARMÉE

Étude des Réformes à apporter

dans

l'administration, la législation et les Règlements militaires

Prix 30 centimes

Loge Maçonnique Les Enfants de Gergovie

CLERMONT-FERRAND

DÉMOCRATISATION des CADRES de l'ARMÉE

Etude des Réformes à apporter

dans l'Administration, la Législation et les Règlements militaires

Emue des dangers que faisaient courir à la République l'état d'hostilité et l'esprit de rébellion des officiers, la R∴ L∴ *Les Enfants de Gergovie* a voulu rechercher avec les causes du mal, les moyens à employer pour mettre fin à une situation aussi menaçante.

L'armée, nul ne peut le nier, est, par ses cadres, entièrement soumise à la Congrégation.

Toujours prêts à faire fusiller ou à sabrer des ouvriers en grève, quantité d'officiers et même de sous-officiers, n'obéiraient qu'à regret, quand ils obéiraient, lorsqu'il s'agirait d'imposer le respect de la loi, aux sans-patrie, aux internationalistes de l'Eglise universelle, Papistes avant d'être Français, comme les Jésuites qui les ont formés ou soumis, c'est à Rome et non à Paris qu'ils prennent leur mot d'ordre.

Les commandements, les états-majors, les bureaux et directions du ministère de la Guerre, tous les postes importants de l'armée républicaine sont soumis à la Congrégation.... qui, depuis trente ans, a su fournir aux écoles militaires, grandes écoles et écoles de sous-officiers, la plus grande partie de leurs élèves appartenant presque tous à des familles influentes.

C'est ainsi que le faisait récemment remarquer un journal républicain, que l'artillerie qui autrefois était renommée pour ses sentiments démocratiques, est aujourd'hui passée au cléricalisme le plus ardent. « La presque « totalité des polytechniciens provenant des Jésuites, sort, disait-il, dans « l'artillerie, en vertu d'un mot d'ordre, sans doute ».

Les aumôniers, les religieuses, se livrant à une propagande effrénée ont d'ailleurs transformé toutes les écoles militaires en véritables jésuitières, il est vrai que la situation est la même dans la majeure partie des Lycées de la République.

La situation est d'autant plus menaçante que la Congrégation, résolue à tous les efforts, est prête à la lutte la plus énergique. Et aussi parce que le parti républicain, séduit par les phrases ardentes du ministre de la Guerre, croyant réalisées les promesses faites dans des discours enflammés, paraît vouloir s'endormir dans une sécurité dangereuse.

Ce ne sont pas les refus d'obéissance, les actes d'insubordination cependant si nombreux, ce ne sont même pas les manifestations anti-républicaines qui se produisent presque journellement qui doivent le plus inquiéter.

Mais ce sont les bienveillances exagérées, les indulgences excessives et coupables montrées à l'égard des officiers rebelles par leurs chefs, leurs camarades.

Ce sont aussi les atténuations voulues, les excuses cherchées dans les rapports fournis et les dépositions faites. Ce sont encore les acquittements contre lesquels le pays a protesté, mais qui ont été prononcés par des officiers jugeant suivant leur conscience et leur mentalité, qui, indiquant l'état général des esprits dans l'armée, montrent le danger tel qu'il est.

Et faut-il l'ajouter, ce sont enfin les défaillances du chef de l'armée qui encouragent la rébellion et contribuent à ridiculiser la République et à amoindrir le pouvoir civil.

La situation, loin de s'améliorer, s'aggrave tous les jours davantage; car tous les jours la Congrégation réalise de nouveaux progrès dans son œuvre d'asservissement. L'instruction du 11 août 1902, comportant programme d'admission à Saint-Cyr, est à la fois une preuve de cette puissance occulte de la Congrégation et des progrès que chaque jour elle réalise.

Le couvrant, habilement, de semblants de satisfaction données aux idées démocratiques du pays, par l'adjonction de quelques questions à la partie littéraire sur... le respect de la *personnalité humaine, les idées démocratiques et les questions sociales... etc.*, la Congrégation faisait augmenter les coefficients attribués aux exercices physiques qui se trouvaient portés de 12 ou 240 points à 15 ou 300 points.

Sans être très initié à ces questions, il est facile de se rendre compte que les points accordés à l'escrime et à l'équitation (de zéro à 140), qui nécessitent des leçons et une pratique très onéreuses, constituent une prime accordée à la fortune et un avantage sérieux pour les candidats riches, Postards, Dominicains, Stanislas, etc., etc.

L'avantage que procurent à la graine cléricale les exercices physiques, peut être estimé à environ 100 points.

Il conviendrait que le ministre fît publier la liste des candidats admissibles en 1901, 1902 et 1903, avec indication pour chaque candidat, de l'établissement dans lequel il a fait ses études, du nombre de points obtenus et totalisés par matière et de ceux définitivement admis.

A moins de paraître craindre la lumière, la Direction de l'Infanterie ne peut refuser plus longtemps ce que fait la Direction du Génie pour Polytechnique.

Des mesures énergiques, immédiates s'imposent, car tout jour de retard apporté dans cette œuvre d'épuration accroît l'influence des ennemis de la République sur l'armée républicaine.

La R∴ L∴ *Les Enfants de Gergovie* soumet à l'appréciation de toutes les Loges, de toutes les associations, de toutes les ligues républicaines de France, les questions qu'elle a étudiées, les propositions qu'elle a faites, les vœux qu'elle a formulés, en vue d'arriver le plus rapidement possible, à la démocratisation des cadres de l'armée et à la suppression des abus si nombreux qui existent encore dans l'armée républicaine.

Réforme de la Loi du 19 mai 1834 sur l'état des Officiers.

Le public étonné de l'inefficacité des mesures prises contre les officiers rebelles, ne pouvant croire aux défaillances d'un ministre dont la vigueur s'affirme presque tous les jours dans d'énergiques discours, attribue à la loi sur l'état des officiers, les actes de faiblesse ministérielle.

En ce moment le parti républicain presqu'en entier, réclame l'abrogation de la loi de 1834.

Cependant, la loi tant incriminée ne garantit à l'officier que le grade et non l'emploi, que le ministre peut toujours retirer à l'officier en l'envoyant en non-activité ou en le mettant d'office en retraite suivant qu'il n'a ou n'a pas 30 ans de service.

Si au lieu de ces mesures dérisoires, de ces déplacements presque toujours avantageux, le ministre avait usé des droits que lui conférait la loi de 1834, la rébellion et l'insubordination des officiers n'auraient pas pris les proportions qu'elles atteignent aujourd'hui.

Ainsi pour avoir voulu sauver, couvrir quelques centaines de rebelles, l'autorité militaire a réussi à compromettre la situation de milliers d'officiers aujourd'hui menacés de voir disparaître les garanties dont ils jouissaient.

On ne peut nier que l'indignation publique ne soit pleinement justifiée par les allures d'une autorité militaire qui semble, par ses agissements, par les faveurs qu'elle continue à accorder aux officiers notoirement connus pour leurs sentiments anti-républicains, avoir pris à tâche de ridiculiser la République, de bafouer le pouvoir civil. Mais est-il juste de s'en prendre à la masse des officiers? Que les rebelles soient frappés, que ceux qui par leur attitude, leurs menées, deviennent un danger ou constituent une provocation à l'insubordination soient frappés, mais que les serviteurs loyaux continuent à être garantis contre l'arbitraire de leurs chefs.

Et, contradiction qu'il est bon de signaler, c'est au moment où fonctionnaires et employés de l'Etat réclament une loi de garantie que l'on songe à supprimer les garanties que la loi accorde aux officiers.

Il faut le dire également, l'officier, comme d'ailleurs un grand nombre de fonctionnaires, arrive lentement, grade par grade, et ne peut à cet égard être assimilé à certains fonctionnaires qui, nommés directement à de hauts emplois, doivent aussi pouvoir être directement révoqués.

Privé de toutes garanties, ne serait-il pas à craindre que l'officier ne fût tenté de se jeter dans les bras d'un prétendant, d'un protecteur?

C'est également une erreur que vouloir assimiler les garanties que donne à l'officier la loi de 1834 à l'indépendance... exagérée, attribuée aux juges par la loi sur l'inamovibilité de la magistrature.

L'examen de la loi, dans ses parties essentielles, affirmera avec les pouvoirs de l'Etat, la... bienveillance du ministre chargé de l'appliquer.

Art. 1er. — Le grade est conféré par le roi, il constitue l'état de l'officier. L'officier ne peut le perdre que par une des causes ci-après :

Démission, perte de la qualité de français, condamnation....., destitution....., etc.

Art. 2. — Les positions de l'officier sont: l'activité ou la disponibilité, la non activité, la réforme, la retraite.

Art. 3. — L'activité.....

La disponibilité est la position de l'officier général ou d'état major, appartenant au cadre constitutif et momentanément sans emploi. Cette position est applicable aux intendants généraux, aux intendants militaires, aux médecins inspecteurs généraux, aux médecins et pharmaciens inspecteurs, aux contrôleurs généraux de 1ro et 2o classe (c'est-à-dire à tous les généraux et assimilés).

Art. 4. — La non-activité est la position de l'officier hors cadre et sans emploi.

Art. 5. — L'officier en activité ne peut être mis en non-activité que pour une des causes ci-après : 1o licenciement de corps; 2o suppression d'emploi; 3o rentrée de captivité lorsque l'officier prisonnier de guerre a été remplacé dans son emploi; 4o infirmités temporaires; 5o *retrait ou suspension d'emploi.*

Art. 6. — La mise en non-activité par retrait ou suspension d'emploi a lieu par décision royale sur le rapport du ministre de la Guerre.

Art. 8. — Les officiers en non-activité par... retrait ou suspension d'emploi sont susceptibles d'être rappelés à l'activité.

Art. 12. — Un officier ne peut être mis en réforme pour cause de discipline que pour l'un des motifs ci-après :

Inconduite habituelle; faute grave dans le service ou contre la discipline; faute contre l'honneur. Prolongation de au-delà de 3 ans de la non-activité, sauf les restrictions énumérées à l'article suivant.

Art. 13. — La réforme par mesure de discipline des officiers en activité ou en non-activité, sera prononcée par décision royale sur le rapport du ministre de la Guerre, d'après l'avis d'un Conseil d'enquête.

La réforme en raison de la prolongation de la non-activité pendant 3 ans ne pourra être prononcée qu'à l'égard de l'officier qui d'après l'avis du même Conseil, aura été reconnu non susceptible d'être rappelé à l'activité.

Les avis du Conseil ne peuvent être modifiés qu'en faveur de l'officier.

Art. 14. — La retraite est la position de l'officier rendu à la vie civile et jouissant d'une pension.

Art. 16. — La solde de non-activité est réglée: 1o.....

2o Pour l'officier sorti de l'activité par retrait ou suspension d'emploi aux deux cinquièmes de la solde d'activité dépouillée de tous accessoires.

Art. 18. — Nul officier réformé n'a droit à un traitement s'il n'a accompli le temps de service imposé par la loi de recrutement.

Tout officier réformé ayant moins de 20 ans de service, recevra pendant un temps égal à la moitié de la durée de ses services effectifs, une solde de réforme égale à la moitié du minimum de la pension de retraite de son grade, si l'officier a été réformé par mesure de discipline.

L'officier ayant au moment de sa réforme 20 ans de service, recevra une pension dont la quotité sera..... de la moitié du minimum de la pension de retraite de son grade, augmentée pour chaque année de service de l'annuité d'accroissement fixée pour la pension d'ancienneté (2 annuités pour la marine).

Art. 21. — Dans aucun cas il ne peut y avoir lieu à reversibilité de tout ou partie de la pension de réforme sur les veuves et les orphelins.

L'article 1er assure la propriété du grade, c'est indéniable; mais ce qui également est indéniable, c'est que l'article 6 donne au ministre le droit de lui en retirer l'emploi, car le chef irresponsable de l'Etat ne pourra refuser au chef responsable de l'armée la signature de la décision mettant l'officier en non activité.

La durée de la non-activité est illimitée. L'officier en non-activité depuis plus de 3 ans, doit être traduit devant un Conseil d'enquête; celui-ci n'a à se prononcer que sur la mise en réforme (art. 12 et 13). « *Quel que soit l'avis du Conseil d'enquête, l'officier peut être maintenu en non-activité aussi long-temps que le ministre le jugera utile dans l'intérêt de la discipline et de l'armée.* » (Avis du Conseil d'Etat, 10 juin 1880).

Le ministre peut également mettre d'office à la retraite tout officier ayant 30 ans de service.

Cette mesure a été fréquemment appliquée, non contre des officiers rebelles, agents de la Congrégation, mais contre de bons et braves serviteurs auxquels on ne pouvait le plus souvent reprocher que la modestie de leur origine et leurs sentiments républicains.

Sur le simple rapport de colonels, transmis hiérarchiquement et toujours hiérarchiquement approuvés par des chefs qui, la plupart, ne connaissaient pas l'officier, des capitaines, à la veille d'être promus commandants, étaient mis d'office à la retraite, sans que, bien souvent, ils eussent été avertis des mesures projetées contre eux. Le fait accompli les accablait.

Les uns étaient jugés inaptes au service de guerre par des généraux qui, souvent, ne pouvaient monter à cheval; les autres étaient déclarés incapables de remplir les fonctions du grade supérieur, par des chefs dont la valeur n'était pas toujours démontrée.

Il est vrai que l'incapacité d'un commandant ne pouvait faire perdre une bataille, tandis que l'incapacité d'un général peut faire perdre une province et ruiner une nation et que peut-être la place de commandant qu'allait obtenir ce prolétaire galonné se trouvait convenir à un fils d'archevêque.

Il convient d'ailleurs de remarquer que plus l'influence de la Congrégation est devenue prépondérante dans l'armée plus les abus de pouvoir se sont multipliés, plus l'arbitraire a grandi et moins les garanties données par la loi ont été respectées.

Autrefois il était généralement admis que tant qu'il n'était atteint par la limite d'âge, l'officier pouvait rester en activité et recevoir les avancements auxquels lui donnait droit son ancienneté.

Mais le nombre de ses protégés augmentant, la Congrégation avait besoin d'un plus grand nombre de places; c'est également à cette cause qu'il convient d'attribuer la campagne qui à un moment donné fut menée contre l'avancement à l'ancienneté des capitaines.

L'officier en non-activité est soumis aux règles de la discipline et tenu sous la surveillance de l'autorité militaire, c'est ce qui justifie la solde bien modeste (deux cinquièmes de la solde d'activité), qui lui est attribuée dans cette situation.

Quant à la solde et à la ~~retraite~~ de réforme, elle est le payement des services rendus et le remboursement des retenues faites pour la retraite. Il conviendrait toutefois de laisser à l'officier réformé le choix entre le payement de la solde ou de la pension, ou le payement d'un capital, de façon à lui permettre de se refaire une position.

La démocratie, à l'opposé des monarchies et des théocrates, est humaine et secourable — même aux coupables. La loi est donc à conserver dans son ensemble, cependant quelques modifications y semblent nécessaires.

Il n'est ni juste ni humain de réunir sous une même rubrique l'officier privé de son emploi, par une mesure indépendante de sa volonté : telle que licenciement de corps, suppression d'emploi, rentrée de captivité, infirmités temporaires et l'officier frappé par mesure disciplinaire et mis en non-activité par retrait ou suspension d'emploi.

Combien dans le public peuvent faire une distinction entre la non-activité par suppression ou par suspension d'emploi.

D'autre part il n'est pas non plus très équitable de créer en faveur de l'officier général, frappé par mesure disciplinaire, une situation privilégiée le plaçant au-dessus du droit commun. Mis en disponibilité, il reçoit pendant les six premiers mois, la solde entière, puis la demi-solde.

Le lieutenant, souvent excusable par son âge et qui n'a pu réaliser des économies sur une solde modeste, peut se trouver dans une situation plutôt gênée; sa faute peut avoir d'aussi graves conséquences, mais il ne reçoit, à partir du jour de sa mise en non-activité, que les deux cinquièmes de sa solde.

Dans ces conditions, la position de disponibilité devrait être attribuée à tout officier privé de son emploi pour une cause indépendante de sa volonté et la non-activité réservée aux officiers de tous grades frappés par mesure disciplinaire.

En conséquence, la R∴ L∴ Les *Enfants de Gergovie* invite : 1° le Gouvernement à user à l'égard des officiers dont l'attitude est un danger pour la République, des droits que lui confèrent les articles 6 et 14 de la loi du 19 mai 1834 :

2° Émet le vœu que les articles 3, 5, 15, 16 et 18 de la loi du 19 mai 1834 sur l'état des officiers, soient ainsi modifiés :

Art. 3. — L'activité... etc., comme actuellement.

La disponibilité est la position de l'officier privé de son emploi par suite de : licenciement de corps, suppression d'emploi, rentrée de captivité, lorsque l'officier prisonnier de guerre a été remplacé dans son emploi, infirmités temporaires.

Art. 4. — La non-activité est la position de l'officier privé de son emploi par mesures disciplinaires.

Art. 5. — L'officier en activité ne peut être mis en non-activité que par retrait ou suspension d'emploi.

Art. 15. — La solde d'activité, etc....................................
La solde de disponibilité est égale pendant les six premiers mois aux trois quarts et après, aux trois cinquièmes de la solde d'activité dégagée de tous accessoires.

Art. 16. — La solde de non-activité est égale aux deux cinquièmes de la solde d'activité dégagée de tous accessoires.

Art. 18. — Ajouter: l'officier réformé pourra être admis à recevoir, en remplacement de sa solde ou de sa pension de retraite, un capital dont le montant sera à déterminer suivant un tarif à établir par un règlement d'administration publique.

3° Qu'afin d'éviter toute équivoque, que la devise « **Discipline et soumission aux lois** » que portaient les drapeaux des armées de la Révolution, soit inscrite sur les drapeaux de l'armée et que les officiers prennent l'engagement d'honneur de servir la République et d'assurer l'exécution des lois.

Réorganisation des Cadres

Les cadres, trop exubérants, comportent une quantité considérable d'officiers et de sous-officiers sans emploi ou pourvus d'emplois dont l'inutilité est démontrée.

Les besoins de la mobilisation seront mieux assurés par la préparation des grades inférieurs aux fonctions du grade supérieur, par la constitution des cadres de réserve instruits, plutôt que par l'entretien de ces nombreux officiers et sous-officiers vivant dans l'oisiveté ou relégués dans des fonctions aussi insignifiantes qu'inutiles. Cette situation provient de ce que, ainsi que le disait M. Raiberti dans son rapport sur le budget de 1900 : « Au lieu d'avoir « un état militaire nous en avons maintenant deux, celui d'avant 1870, celui « d'après 1889... On pourrait faire l'économie d'une des deux organisations ».

Le pays succombe sous le fardeau des charges militaires.

Dans la nation armée, les unités du pied de paix ne devraient être que des écoles d'instruction et des noyaux de mobilisation. L'adoption de l'ordre ternaire, préconisé depuis longtemps, plus économique, se pliant mieux aux exigences du combat, aux nécessités du commandement, permettra de réaliser de nombreuses réductions dans les cadres, tout en augmentant la force agissante de l'armée.

L'ordre ternaire convient également aux troupes de toutes armes et peut descendre jusqu'aux unités moyennes. Le régiment à trois batteries, trois bataillons, trois escadrons, commandés chacun par un chef d'escadron ou de bataillon ; le bataillon, la batterie, l'escadron à trois compagnies, chacune commandée par un capitaine, ayant un seul officier, un lieutenant.

Ainsi, dans le but d'accélérer l'avancement des officiers, M. Gouzy, député du Tarn, l'avait proposé, estimant que la plupart des fonctions des lieutenants pouvaient être remplies par des sous-officiers.

L'ordre ternaire peut être adopté : soit en conservant la répartition des corps d'armée en divisions, brigades, ce qui permettrait de réduire le nombre de ces corps d'armée qui deviendraient alors de véritables armées ;

Soit en supprimant la brigade qui, composée de troupes de même arme, n'est en réalité qu'un gros régiment, commandé par un général — ce qui est un non-sens.

Dans le premier cas, les garnisons seraient composées par brigades et non plus par régiment, ce qui permettrait, par la réunion de plusieurs unités en une seule, d'exécuter des manœuvres et exercices de garnison à l'effectif de guerre.

Les grandes manœuvres sont faites non pour l'instruction des grades inférieurs qui ont leurs manœuvres et exercices habituels, mais pour exercer le haut commandement. Elles ne devraient comprendre que des manœuvres d'armée contre armée, exécutées avec des effectifs de guerre.

L'appel des réservistes et l'exécution des grandes manœuvres tous les trois ans, la division du territoire en trois zones permettraient de réaliser ces desiderata, opérant en même temps de grandes économies.

Six à dix mille emplois d'officiers peuvent être facilement supprimés dans la seule arme métropolitaine, au grand profit du Trésor comme dans l'intérêt des officiers dont l'avancement se trouverait accéléré, car ainsi que le dit M. Raiberti à propos de l'accroissement des cadres : « On a cru qu'il « servirait l'avancement, il l'a définitivement étranglé ».

Et ces réductions faciliteront l'œuvre d'épuration des cadres de l'armée républicaine, elles permettront d'en écarter, par la mise à la retraite avec pension entière ou pension proportionnelle, suivant qu'ils auront 25 ans ou moins de 25 ans de service, tous les officiers qui par leur attitude constituent un danger.

En 1814, la Restauration mettait en demi-solde 14.000 officiers, non seulement pour dégorger des cadres trop pleins, mais aussi et surtout pour placer des chouans, des émigrés, qui avaient combattu contre la Patrie, dans les rangs des ennemis.

En 1871, la Commission de révision des grades nommée par l'assemblée réactionnaire de Versailles, rétrogradait, rendait à la vie civile, remettait sous-officiers, des officiers, la plupart parce qu'ils étaient signalés par des rapports secrets de chefs peu bienveillants, comme ayant des opinions subversives, comme étant républicains.

Et ces exécutions furent continuées, sournoisement, par des chefs de corps, qui par leurs tracasseries obligèrent quantité d'officiers, *que par dérision on nommait officiers de Gambetta*, à quitter l'armée.

L'exubérance des cadres nuit également à la préparation des cadres actifs et à la formation des cadres de réserve. La présence dans les rangs d'un trop grand nombre de rengagés ne laisse passer dans la réserve qu'un nombre insuffisant de gradés.

VŒU. — 1o Que la nation armée, ayant pour base l'ordre ternaire, formation la plus économique et qui se prête le mieux aux nécessités du combat, soit immédiatement organisée ;

2o Que les cadres des temps de paix étant strictement limités aux nécessités de l'instruction, les officiers en excédent soient mis d'office à la retraite avec pension proportionnelle ou pension entière s'ils n'ont ou n'ont pas 25 ans de service et en tenant compte de leur attitude envers le Gouvernement établi ;

3o Qu'afin de permettre aux officiers ou de se créer des situations ou d'aller se retremper dans la vie civile, des congés de longue durée à demi-solde et droit à l'avancement à l'ancienneté, leur soient accordés. Ces officiers ne devront pas être remplacés dans leur emploi.

4o Qu'à l'avenir les manœuvres d'automne, dites grandes manœuvres, ne comprennent plus que des manœuvres d'armée contre armée, et soient exécutées tous les trois ans seulement.

Recrutement et avancement des officiers

Cette question est en ce moment l'objet des préoccupations de tout le parti républicain. L'envahissement des cadres et l'accaparement des hauts grades par les anciens élèves de jésuites, ont enfin ouvert tous les yeux — malheureusement trop tard — sur le danger que courait la République.

Les officiers se recrutent : par les rangs, avec passage par une école militaire et par les grandes écoles.

Cette dualité d'origine provoque parmi les officiers certains sentiments de désunion, qui cependant ne sont rien à côté de ceux qui existent ou devraient exister si les uns ne s'étaient généralement pas soumis aux autres, entre élèves des lycées et élèves des jésuites.

Pour remédier à ces dangers et arriver à l'unité d'origine, on propose en ce moment l'obligation du passage par la troupe, comme soldat, de tous les candidats officiers, avant leur entrée à l'école.

Cette mesure est indispensable, car il est nécessaire que l'officier ait connu, ait vécu de la vie du soldat, mais l'examen d'admission à l'école doit précéder l'entrée au régiment, et l'obligation de posséder les galons de sous-officier pour être admis à concourir, ainsi que cela a été proposé, ne doit pas être imposée, sans cela le remède serait mille fois plus dangereux que le mal que l'on veut guérir.

Les examens ayant lieu après l'année unique ou les deux années de service, ne pourraient que tendre à abaisser le niveau des connaissances possédées par les officiers.

L'obligation d'avoir les galons de sous-officiers pour être admis à l'école ou aux examens, livrerait au bon vouloir des colonels la nomination des officiers.

Un colonel voulant empêcher un jeune homme de parvenir ou favoriser un protégé, un fils d'archevêque, n'aurait qu'à lui donner ou lui refuser les galons, puisque toutes les nominations de sous-officiers dépendent de lui.

Etant donné l'état d'esprit régnant dans le haut commandement et aussi la presqu'impossibilité de refuser à un chef ou à un personnage influent dont on dépend ou qui peut-être utile, il serait à craindre que l'envahissement jésuitique ne devint encore plus grand, car la Congrégation est toujours toute puissante dans l'armée républicaine.

C'est une erreur de croire que l'officier sortant des rangs est en majorité républicain et l'officier provenant des écoles, au contraire, est toujours réactionnaire.

Pour les grandes écoles, les difficultés des épreuves écrites, l'indépendance des examinateurs d'admission, tous civils, réduisent considérablement l'influence des protecteurs.

Au contraire, pour les écoles de sous-officiers, les épreuves écrites plus faciles, l'intervention des notes des chefs de corps, la situation dépendante des examinateurs d'admission, tous officiers en activité, ayant à songer à leur avenir, assurent aux influences une plus grande action.

Car malgré lui, sans y prendre garde, souvent l'examinateur ne pourra qu'être bien disposé pour le fils, le neveu, le protégé d'un archevêque.

L'objection contre les examens précédant l'entrée au régiment, la crainte que les jeunes gens ainsi désignés comme futurs officiers, ne soient l'objet d'un traitement de faveur dans leur régiment, peut être réduite à néant par l'adoption de certaines mesures comportant :

L'affectation pendant 5 mois à des régiments frontières ;

La réunion dans un camp *unique* d'instruction, pendant 7 mois, des candidats officiers de toutes armes.

Une année de service suffirait, après laquelle les candidats seraient envoyés, pour deux ans, dans une école qui pourrait être :

> Polytechnique, pour l'Artillerie, le Génie ;
> Saint-Cyr, pour l'Infanterie ;
> Saumur, pour la Cavalerie ;
> Versailles, pour l'Administration (Intendance).

Le passage par le régiment dégageant des programmes les détails de l'instruction militaire, l'enseignement pourrait être étendu et comprendre des cours d'économie politique et sociales, des notions sur le droit public et surtout l'histoire si peu connue, dédaignée aujourd'hui, des *armées* et des guerres de la Révolution, etc.

Les sous-officiers admis iraient au camp et à l'école de leur arme où ils partageraient les travaux et les études de leurs camarades.

Trois années de service seraient ainsi nécessaires pour arriver officier.

Le passage dans un régiment et dans un camp écarterait des écoles militaires ceux qui répugnent au service dans la troupe comme soldat et aussi, dans leur intérêt, ceux qui par faiblesse de constitution, ne pourraient supporter les fatigues du service.

La réunion, dans un camp unique, des candidats officiers de toutes armes, établirait non seulement l'unité d'origine mais créerait l'union des armes.

Création d'un cadre
d'officiers comptables des corps de troupe

Ces mesures tendraient incontestablement à écarter de la position d'officiers, quelques sous-officiers qui, à force de travail et... de protection, finissent par arriver.

La création d'un cadre d'officiers comptables des corps, se recrutant uniquement parmi les sous officiers et sans passage par une école, compenserait, très au-delà, cette sorte de préjudice subi par quelques sous-officiers.

La connaissance et la pratique de la comptabilité nécessaires aux officiers comptables des régiments ne s'acquièrent qu'à la longue.

Cette création, tout en ouvrant un débouché à de bons et loyaux serviteurs, constituerait une économie pour l'État, par la suppression des pensions proportionnelles payées à *35 ans d'âge* à des sous-officiers qui n'ayant aucun avenir, quittent l'armée.

Avancement des officiers

La combinaison du choix et de l'ancienneté, comme elle est appliquée aujourd'hui, ne peut donner que de médiocres résultats, et provoque la jalousie, les zizanies parmi les officiers.

Le choix est synonyme de favoritisme, c'est ainsi que sont parvenus et parviennent encore, sans peine et sans travail, les *fils à papa*.

Dès leur entrée au service, les officiers sont classés en catégories nettement tranchées. Les uns parce qu'ils sortent des jésuitières ou ont un papa né avant eux, etc., sont déclarés officiers d'avenir; le choix est leur lot.

Les autres, parce qu'ils proviennent des rangs, ont une origine modeste

— 9 —

ou n'ont pas un bon père pour les protéger ont, quoi qu'ils fassent, l'avenir limité.

En l'année 1903, dans un régiment du 13e corps, douze lieutenants soigneusement triés sur le volet étaient proposés pour capitaines; aucun n'avait la tache originelle, tous sortaient de Saint-Cyr.

Pour justifier ces propositions connues par hasard, le colonel, que l'on dit républicain?... prétendit que c'est après de longues et mûres réflexions, uniquement guidé par l'intérêt supérieur de l'armée, qu'il s'était décidé à agir ainsi, parce qu'il estimait qu'il fallait faire *avancer les jeunes*, pousser les officiers d'avenir — c'était aimable pour les évincés.

Or, parmi ces derniers, il s'en trouvait un qui quoique plus ancien de grade, était plus jeune d'âge qu'un des proposés.

Il est vrai que celui-ci rachetait cela par d'autres qualités très appréciées dans l'armée, il avait cheval, voiture, auto... et maîtresse qu'il savait mettre à la disposition de ses chefs, pas la maîtresse bien entendu. Aussi, si l'avancement semble devoir lui être rapide, le service paraît lui être doux et facile. Adjoint au colonel pour les manœuvres, qu'il faisait ainsi à cheval... pendant que ses camarades plus anciens, mais moins riches, trimaient sur les routes, il obtenait même l'autorisation de prendre le chemin de fer pour se rendre au camp, afin de veiller à l'embarquement et au débarquement de son cheval et de sa voiture.

L'officier ainsi évincé était dans les premiers à Saint-Maixent, ceux plus jeunes de grade que lui, qui avaient été proposés, étaient dans le dernier quart à Saint-Cyr. Mais le cheval, la voiture, l'auto... font compensation.

L'ancienneté doit donc servir de base à toute loi d'avancement. Mais afin d'entretenir l'émulation, d'encourager le travail, d'assurer un avancement rapide aux officiers de valeur, très rares, des majorations d'ancienneté devront être accordées à ceux qui auront fait preuve de valeur, autrement que par des services rendus à la Congrégation.

L'école de guerre réorganisée, cessant d'être une école d'état-major pour devenir une école des hautes études militaires, permettra d'obtenir, sinon une affirmation, tout au moins une présomption de supériorité.

Le nombre des officiers à y admettre doit être très réduit, 50 ou 60 au maximum chaque année.

Le ministre pourra accorder à un certain nombre d'officiers de valeur qui pour une raison quelconque n'ont pu entrer à l'école de guerre, les avantages et le caractère accordés aux brevetés.

Le nombre de ces caractérisés ne pourra dépasser celui des officiers brevetés promus dans l'armée.

La caractérisation ne sera valable que pour un grade, mais pourra être renouvelée plusieurs fois au même officier.

L'officier jugé incapable d'être promu au grade supérieur ne pourra être privé de son droit d'avancement à l'ancienneté que par décision présidentielle, sur un rapport du ministre, après avis d'un Conseil d'enquête.

Prévenu au moins trois mois à l'avance de la mesure projetée contre lui, il serait autorisé à se faire assister par un officier d'un grade égal ou supérieur au sien, à faire intervenir les témoignages qu'il jugerait nécessaires ou utiles à sa défense; copie de toutes les pièces, rapports, etc., devraient lui être remise.

VŒU. — En temps de paix :

1o Nul ne pourra être nommé sous-lieutenant s'il n'a servi au moins une année dans la troupe avec séjour dans un camp d'instruction et n'a suivi pendant deux ans les cours d'une école militaire;

2o L'examen d'admission à l'école militaire précède le passage dans la troupe, le candidat admis doit aussitôt contracter un engagement de cinq ans;

Les sous-officiers admis aux épreuves du concours prennent part, au camp et à l'école militaire, aux travaux et aux études des élèves admis avant leur entrée au régiment;

3o Il est créé un cadre d'officiers comptables des corps de troupe, se recrutant uniquement parmi les sous-officiers, sans passage par une école militaire;

4º L'avancement des officiers a lieu à l'ancienneté, d'après une liste établie par grade et par arme ;

5º Les officiers pourvus du brevet des hautes études militaires, seront inscrits sur les listes d'ancienneté et nommés d'après le rang que leur donnera cette inscription avec une majoration d'ancienneté égale au tiers de l'ancienneté au 1ᵉʳ janvier, du plus ancien officier de leur grade dans leur arme ;

Le nombre des officiers admis au brevet ne devra pas excéder 50 par an ;

6º Le ministre pourra accorder le caractère et les avantages attribués aux officiers brevetés, aux officiers qui lui auront été signalés comme étant dignes de cette faveur. La caractérisation ne sera valable que pour un grade à la fois, mais pourra être renouvelé plusieurs fois au même officier ;

Le nombre des caractérisés ne devra pas excéder chaque année le nombre des officiers admis au brevet ;

7º L'officier jugé incapable d'être promu à son tour d'ancienneté devra être traduit devant un Conseil d'enquête, il en sera prévenu au moins trois mois à l'avance et pourra se faire assister par un officier d'un grade égal ou supérieur au sien et réclamer l'audition des témoins qu'il jugerait utile à la défense de ses intérêts. Tous les rapports, pièces du dossier devront lui être communiqués ;

8º L'école de guerre est supprimée, elle sera remplacée par une école des hautes études militaires ;

Des écoles d'application, d'état-major, d'artillerie, de cavalerie, de guerre et d'infanterie seront créées ;

9º Les officiers actuellement brevetés seront considérés comme sortis de l'école d'état-major ;

Ceux qui voudront s'assurer des avantages conférés par le brevet des hautes études militaires devront subir de nouvelles épreuves qui seront déterminées par un règlement d'administration publique.

Suppression du Prytanée militaire de La Flèche, des écoles militaires préparatoires, des Maisons d'éducation de la Légion d'honneur

Dans une démocratie, le chef militaire, quel que soit son grade, doit être en communion d'idées, en communauté de vues avec la nation.

Or ces écoles, qui se recrutent dans un milieu spécial, exclusivement militaire, en vue de préparer uniquement leurs élèves à la carrière militaire, ne peuvent que tendre à entretenir, à développer l'esprit de caste dans l'armée.

Les élèves, pour la plupart éloignés de leur famille, soumis à un internat très rigoureux, sans contact avec l'extérieur, se trouvent livrés pieds et poings liés aux menées et à la propagande des aumôniers, des religieuses (1) faisant partie de l'établissement, toujours appuyés, secondés par les officiers du cadre (2), et, lorsqu'il s'en trouve, par le fonctionnaire de l'Université chargé de l'inspection des études.

Au Prytanée, sous la précédente direction (3), l'aumônier dont l'influence s'étendait sur toutes les parties du service, dont la présence continuelle au milieu des élèves était une atteinte au principe de neutralité religieuse, pouvait dispenser de la salle de police les élèves qui se confessaient.

Ces écoles imposent de très lourdes charges, sans aucune compensation pour l'Etat, sans aucun avantage pour les familles.

Dans les écoles militaires préparatoires, la moitié, à peine, des élèves, parvient au grade de sous-officier et rengage ; les autres, leur service ter-

---

(1) Aux Andelys, les religieuses chargées de l'infirmerie avaient, par esprit de prosélytisme, tellement troublé l'esprit d'un élève, fils d'un officier de gendarmerie, que cet enfant voulait, à tout prix, se faire prêtre et malgré ses parents quitter l'école, aller au séminaire, parce que Dieu, disait-il, le réclamait pour son service.

(2) Certains officiers ne craignaient pas de demander à leurs élèves de dire un *Pater* et un *Ave* pour un ancien camarade décédé.

(3) Lieutenant-colonel T..., aujourd'hui colonel..... républicain.

miné, sans position, sans profession, retombent à la charge de leurs parents généralement peu fortunés.

Au Prytanée, résultats plus lamentables encore. Les élèves, quelles que soient leurs aptitudes, n'ont d'autres débouchés que Saint-Cyr. Autrefois on y préparait Polytechnique et, par suite, Centrale. Mais le travail était trop lourd pour le fonctionnaire de l'Université chargé de l'inspection des études (1), personnage aussi indifférent que somnolent. Cette préparation a été supprimée en 1898.

En 1901, 24 admis à Saint-Cyr sur 105 candidats.

En 1902, 17 — — sur 91 —

Résultats absolument inférieurs à la moyenne générale des lycées, et encore conviendrait-il d'en retrancher 5 ou 6, qui, chaque année, n'ont dû leur admission qu'aux exercices physiques très pratiqués au Prytanée.

Aux examens du baccalauréat, mêmes résultats… navrants.

En 1901, session de juillet, 20 admis de la 1re partie sur 72 élèves de rhétorique.

En 1902, session de juillet, 13 admis de la 1re partie, sur 64 élèves de rhétorique.

Ce qui démontre plus complètement l'infériorité des études et l'incapacité de la direction, c'est que à la session de novembre 1902, après 3 mois de travail de vacances dans la famille et auquel le Prytanée était par conséquent étranger, 45 élèves sur 47 candidats ont été admis (2).

Déduction faite du remboursement du prix des pensions, trousseaux des élèves pensionnaires, etc., le Prytanée impose chaque année à l'Etat une dépense nette d'environ 700.000 à 750.000 francs, répartie sur 7 ou 8 chapitres du budget. Pour cette somme énorme, 318 boursiers, 120 demi-boursiers, effectif rarement atteint, sont entretenus pendant 8 mois chaque année, car les élèves du Prytanée jouissent de longues vacances, 35 jours de plus que dans les lycées. Répartie en bourses, dans les lycées et collèges, cette somme permettrait d'accorder au moins :

400 bourses d'internat; 400 bourses de demi-pensionnat ou demi-bourses d'internat; 600 bourses d'externat.

Il en résulterait une économie de plus de 300.000 francs — car les élèves nouveaux n'imposeraient aux lycées que leurs dépenses propres d'entretien— dépenses bien inférieures au prix d'estimation des bourses, puisque les frais généraux restent les mêmes, qu'il y ait 600 ou 650 élèves.

Les Maisons d'éducation de la Légion d'honneur présentent également les mêmes inconvénients et les mêmes dangers. Recrutées dans des milieux spéciaux, soumises à un régime aussi rigoureux que suranné, ne sortant jamais, leurs élèves iront porter dans leur famille, comme épouses, mères, sœurs, cet esprit de caste, ces sentiments d'orgueil qu'elles y auront pris.

De plus, à la suite d'usages, aussi surannés que respectés, les élèves ne peuvent sortir dans leur costume, ce qui oblige les parents à des frais inutiles, pour les vacances; les enfants grandissant ne peuvent utiliser les effets achetés l'année précédente.

Remises au ministère de l'Instruction publique, transformées en lycées de jeunes filles, ces maisons ne tarderaient pas, grâce à leur voisinage de Paris, à devenir très prospères et à couvrir leurs frais.

La suppression du Prytanée, des écoles militaires préparatoires, des Maisons d'éducation de la Légion d'honneur, feraient réaliser des économies considérables, tout en venant en aide à un plus grand nombre de familles.

L'attribution d'un plus grand nombre de bourses sera un pas fait vers la gratuité de l'enseignement secondaire.

En conséquence,

Considérant que dans une démocratie, les chefs militaires, à quelque degré de la hiérarchie qu'ils appartiennent, doivent être en communion d'idées avec la nation;

---

(1) Agrégé de grammaire dans une école qui prépare aux sciences.

(2) En récompense de ces nombreux insuccès, le lieutenant-colonel T..... a été nommé colonel. Il est vrai que les progrès de la cléricalisation pouvaient suppléer à l'insuffisance des résultats.

Attendu que cette communauté de vues ne pourra être obtenue que s'ils ont vécu, ont été élevés, instruits, formés avec les autres citoyens;

Attendu que les écoles militaires telles que le Prytanée, les écoles militaires préparatoires, isolant les élèves qu'elles ont recrutés dans des milieux exclusivement militaires en vue de les diriger vers la carrière militaire ne peuvent que tendre à entretenir et développer l'esprit de caste dans l'armée;

Considérant que ces écoles qui se sont toujours signalées par leur hostilité envers les institutions démocratiques du pays, imposent de très lourdes charges sans aucune compensation pour l'Etat ni aucun avantage pour les familles;

Attendu que l'infériorité notoire des études complétée par la spécialisation des élèves placent ceux-ci dans une infériorité notoire vis-à-vis de leurs concurrents des autres établissements et les mettent dans la presqu'impossibilité de gagner leur vie;

Considérant que par l'influence que leurs élèves seront appelées à exercer comme épouses, sœurs, mères, les Maisons d'éducation de la Légion d'honneur présentent les mêmes défauts et les mêmes dangers;

Emet le vœu :

1o Que les écoles militaires préparatoires, le Prytanée militaire, les Maisons d'éducation de la Légion d'honneur soient supprimés et leurs élèves répartis comme boursiers de l'Etat dans les collèges, lycées de garçons, écoles supérieures ou professionnelles, dans les collèges et lycées de jeunes filles, situés les plus à proximité des familles et en tenant compte des désirs exprimés par les parents.

Stage scolaire

L'invasion des cadres de l'armée et des administrations publiques, par les élèves des congréganistes, a ému l'opinion publique, quand le mal..... était fait.

Le projet d'un stage scolaire a surgi, mais, simple palliatif, il ne pourra donner que d'insuffisants résultats.

Pour y parer, la Congrégation ouvrira des internats religieux ou laïques, s'entendra avec des familles bien pensantes s'il est nécessaire..... et les pensionnaires conduits aux cours du lycée, repris et ramenés aussitôt après, ne seront nullement soustraits à la dépravation morale exercée sur eux par la Congrégation.

Et cependant, s'il est inouï de voir l'Etat recruter ses officiers et fonctionnaires parmi ses pires ennemis, il faut convenir qu'il est bien difficile d'imposer un stage dans les écoles de l'Etat aux futurs fonctionnaires, lorsqu'officiers et fonctionnaires, envoyant leurs enfants chez les congréganistes, manifestent ainsi publiquement, un tel mépris pour l'enseignement de l'Etat.

Que peut-on dire ou exiger, lorsque les officiers qui manifestent ainsi leur hostilité contre le Gouvernement qu'ils servent, se trouvent être l'objet des faveurs de ce Gouvernement?

En garnison, dans des villes qui possèdent de grandes ressources d'instruction, ils dédaignent ces ressources pendant que des officiers républicains, relégués dans de petites garnisons qui, eux, seraient heureux d'utiliser, de confier leurs enfants à l'Université, se voient obligés de les envoyer au collège congréganiste, seul établissement d'instruction que possède la localité.

Dans ce cas, ne serait-il pas juste de procéder par mutation entre l'officier qui n'utilise pas les ressources d'instruction de sa garnison et l'officier qui désirerait en profiter?

Enfin, pour que le stage scolaire devînt profitable, il faudrait qu'il comportât l'internat.

La Congrégation a su tirer parti de l'internat. Pendant que de toutes parts on menait, à son instigation, campagne contre l'internat des lycées..... faisant valoir les bienfaits de l'éducation dans la famille....., ses internats augmentaient, prospéraient.

Peut-être, en ce qui concerne l'admission aux écoles militaires, pourrait-on résoudre en partie cette difficulté. Il suffirait de créer un enseignement militaire, comportant certains exercices : le tir, les levés topographiques, etc., auquel on attribuerait de forts coefficients et qui, donné par des officiers et sous-officiers de l'armée active, ne serait accessible qu'aux élèves internes et aux externes habitant dans leur famille ou chez des parents.

L'escrime, l'équitation et s'il y a lieu la gymnastique, seraient enseignées dans les mêmes conditions et gratuitement, par des officiers, sous-officiers, soldats de l'armée active, dans les salles d'escrime, manèges, avec des chevaux de l'armée.

Quoi qu'il en soit, le stage scolaire imposera toujours une certaine gêne et, à ce titre, il peut être adopté.

VŒU. — 1o Qu'aucun candidat ne soit admis dans une école militaire ou nommé à un emploi dépendant de l'Etat, des départements, des communes, des Compagnies tenant un monopole, s'il n'a fait ses études dans les établissements d'instruction de l'Etat;

2o Qu'il soit créé dans les lycées, collèges, préparant aux écoles militaires, un enseignement d'exercices physiques et militaires, dirigé par des officiers de l'armée active, donnant droit à de forts coefficients et auquel seront seuls admis les élèves internes et les élèves externes, ceux-ci habitant dans leur famille ou chez des parents;

3o Que tant que l'enseignement des exercices physiques ne sera pas donné gratuitement aux élèves de l'Etat par des officiers gradés et soldats de l'armée active, avec les chevaux et dans les manèges des régiments, les coefficients attribués à ces exercices soient supprimés ou tout au moins réduits dans de très fortes proportions;

4o Que les officiers ou fonctionnaires qui, en résidence dans une ville d'Université ou dans une ville possédant des ressources d'instruction, n'utilisent pas ces ressources pour leurs enfants, filles et garçons, soient déplacés, envoyés dans des villes n'ayant aucune des ressources qu'ils dédaignent et remplacés par des officiers républicains désireux d'en profiter;

5o Que les différents ministres, notamment le ministre de la Guerre, se fassent fournir, par ville ou garnison, l'état des officiers mariés avec indication de l'établissement d'instruction dans lequel ils envoyaient leurs enfants après la rentrée d'octobre 1901.

Création en faveur des élèves libres-penseurs
d'un enseignement scientifique et moral parallèle à
l'enseignement religieux

A quoi servirait d'imposer un stage scolaire, de supprimer les jésuitières militaires, si l'enseignement des lycées est aussi pernicieux que celui des établissements congréganistes.

Ceux qui ont appartenu à l'enseignement ont pu se rendre compte de la défaveur dont étaient l'objet, de la part de l'administration, les élèves qui n'appartenaient à aucun culte. Nul ne daignait s'occuper d'eux, traités presqu'en parias, abandonnés, délaissés, ils se trouvaient et se trouvent encore à peu près livrés à eux-mêmes durant les cérémonies religieuses, le catéchisme.

C'est pour cela que tant de fils de libres-penseurs suivent un enseignement religieux, assistent aux exercices du culte et finissent par tomber sous l'influence de l'aumônier et de la Congrégation. Les parents, comme cela se conçoit, hésitent à exposer leurs enfants à pareil traitement.

Il en serait tout autrement, si à côté des enseignements religieux se trouvait un enseignement scientifique et moral, comportant l'histoire des religions, de la formation des mondes, des excursions, des visites aux monuments, aux musées, etc.

En effet, toutes les croyances, tous les cultes doivent être traités également, le culte de la Raison comme celui d'un Brahma quelconque.

Et l'aumônier, comme les professeurs chargés de ces cours, ne peut demeurer au lycée où sa présence continuelle est un outrage à l'esprit de neutralité religieuse.

VŒU. — 1º Les aumôniers des lycées, collèges, écoles dépendant de l'Etat, sont supprimés ;

2º L'enseignement sera donné aux élèves des différents cultes par des ministres de ces cultes, agréés par l'autorité académique et, à cet effet, admis à certains jours et à certaines heures fixés par le chef de l'établissement ;

3º Chaque ministre recevra une indemnité qui sera fixée par le ministre de l'Instruction publique sur la proposition du recteur de l'Université ;

Aucun ministre ne pourra, sous n'importe quel prétexte, habiter dans l'établissement, ni dans un bâtiment dépendant de cet établissement ;

4º Il sera créé dans chaque lycée, collège ou école de l'Etat, un enseignement scientifique et moral destiné aux élèves n'appartenant à aucun culte ;

5º Cet enseignement, qui comprendra l'histoire des religions, de la formation des mondes et, en outre, pendant les heures consacrées aux cérémonies des différents cultes, des excursions et visites aux monuments, musées, etc., sera dirigé par des professeurs qui recevront une indemnité spéciale.

Suppression des camps dits d'instruction,
Indemnités de marche, de manœuvres dans les camps, etc.

L'utilité des camps d'instruction, très contestable, a toujours été contestée. Ils ne servent généralement qu'à donner satisfaction aux fantaisies tactiques..... L'exemple du camp de Châlons, avant 1870, où comme aujourd'hui on exécutait des manœuvres réglées à l'avance, sur des terrains connus, semble, à cet égard, très concluant.

Mais, quelle que soit l'opinion que l'on puisse professer sur leur utilité, on ne peut que regretter leur éparpillement et le gaspillage des crédits qui en résulte. Il est par suite impossible de les doter des installations et des terrains qui leur seraient nécessaires. Quelques grands camps, répartis sur les frontières, installés pour recevoir de grandes unités, coûteraient moins que cette multiplicité d'installations insuffisantes, et pourraient, en cas de tension politique, servir à la concentration des unités mobilisées. Les camps peuvent favoriser, il faut le reconnaître, les coups d'Etat ; l'isolement auquel sont soumis les troupes, les a assouplies.

Un autre danger aussi : le mécontentement qu'ils provoquent parmi les officiers et sous-officiers qui, comme on le sait, se trouvent astreints à des dépenses considérables, dont le commandement ne paraît pas ou ne veut pas se douter.

Dans les camps, comme en manœuvres, les officiers dépensent (1) environ de 8 à 10 francs par jour, suivant qu'ils sont à pied ou montés.

L'Etat leur accorde généreusement : 1 franc au camp, 3 francs en manœuvres ; aux sous-officiers dont les dépenses s'élèvent à 2 fr. 50 ou 4 francs par jour, on alloue rien au camp, 0 fr. 25 ou 0 fr. 85 aux manœuvres.

Faut-il ajouter ces exercices avec déjeuner sur le terrain que certains chefs multiplient, sans se préoccuper des dépenses qu'ils occasionnent.

Pour les officiers et sous-officiers, ces séjours dans les camps qui atteignent aujourd'hui 25 ou même 30 jours par an, les grandes manœuvres, manœuvres de garnison, les exercices avec déjeuner sur le terrain, deviennent une cause de ruine, de privations et de souffrances.

Il est donc facile de se rendre compte et de comprendre le mécontentement qui règne dans les cadres. Malheureusement presque tous s'en prennent à la République qu'ils accusent de ces souffrances, de ces privations qu'ils se voient dans la nécessité d'imposer aux leurs.

La solde est la rémunération des services rendus, le payement du travail fait, elle est la propriété de l'officier ou du sous-officier. Nul ne devrait pouvoir, par un moyen plus ou moins hypocrite, y opérer des réductions. C'est sur cette solde qu'a compté l'officier ou le sous-officier lorsqu'il s'est

____

(1) Frais de nourriture, d'entretien, dépenses diverses, usure prématurée et rapide d'effets, de harnachement, etc.

marié — et il semble que, comme tous les citoyens, il doit pouvoir élever une famille, se constituer un intérieur.

Si toute peine mérite salaire, tout travail supplémentaire, exceptionnel, devrait être rémunéré à part, exceptionnellement. Mais, qu'au moins, si aucun salaire supplémentaire n'est accordé pour ce travail supplémentaire, les officiers et sous-officiers soient intégralement remboursés des frais qu'ils ont à supporter pour le service de l'État.

A moins de vouloir exclure de la carrière d'officier et même de sous-officier les citoyens sans fortune (1); à moins encore que la République n'ayant pas assez de ses prêtres et de ses moines, veuille imposer le célibat aux officiers et aux sous-officiers, l'État doit couvrir par des indemnités suffisantes, les dépenses imposées pour le service.

Ces principes ne paraissent pas admis par le haut commandement ou par certains membres du haut commandement ainsi que l'indique le fait suivant :

Un sous-officier, marié, père de famille, ayant été appelé pour un séjour d'environ 20 jours au camp de Bourg-Lastic, avait adressé au général commandant le corps d'armée une *demande d'indemnité* qui fut, d'ailleurs, très chaudement appuyée par ses chefs immédiats.

Le 8 juillet, après un exercice, la critique terminée, tous les officiers et sous-officiers étant présents, le général B** s'adressant à ceux-ci, dit :

« Je suis heureux d'avoir l'occasion de trouver les sous-officiers réunis
« pour leur faire connaître mes idées sur le mariage des sous-officiers.

« J'ai reçu d'un sous-officier rengagé et marié, de la brigade, une *demande*
« *de secours* basée sur les frais exceptionnels que lui attirait son séjour au
« camp; il fait remarquer que ce déplacement entraînait pour lui double
« dépense, attendu que pendant qu'il se trouvait au camp, ses dépenses de
« ménage couraient toujours à Riom.

« J'ai toujours dit aux sous-officiers qui manifestaient le désir de se marier
« de réfléchir, que le mariage était chose grave, qu'épouser une femme sans
« fortune ou sans situation quand soi-même on n'a pas de fortune, c'était faire
« une sottise (2) et se mettre la corde au cou. La solde de sous-officier ne
« permet (3) pas d'entretenir une famille. Il ne faut pas croire que l'État soit
« fait pour nourrir les femmes et les enfants des sous-officiers. Je tiens à
« vous dire ce que je pense en présence de vos officiers qui, je l'espère,
« s'inspireront de ces idées pour vous conseiller (4).

« Je transmettrai cette demande, parce que je suis obligé de le faire, mais
« avec avis défavorable et j'espère qu'elle n'aboutira pas. »

Certes, après cet incident, tous les militaires sont excusables, lorsqu'ils s'adressent à d'autres qu'à des chefs qui les traitent ainsi.

Mais on peut se demander ce qui serait advenu si un des sous-officiers présents avait répondu : « Pardon, si l'État n'est pas fait pour nourrir nos
« femmes et nos enfants, il doit tout au moins nous rembourser les dépenses
« qu'il nous impose pour son service; et ce n'est pas un moyen de nous
« permettre de nourrir nos femmes et nos enfants que de nous obliger à ces
« dépenses.

« Et vous, malgré votre solde élevée, vos gros frais de service, vos traite-
« ments de la Légion d'honneur, etc., pourquoi touchez-vous une indem-

---

(1) Il n'est pas un corps dans la nation où la fortune soit aussi prisée que dans l'armée républicaine. Les officiers ainsi pourvus, décrétés *officiers d'avenir*, sont l'objet de la bienveillance de leurs chefs, s'ils ont chevaux, voitures, autos... Tous s'ingénient à leur éviter les fatigues du service.

Dans un régiment d'infanterie, un lieutenant ainsi pourvu, s'est trouvé généralement dispensé de tout service à pied. Bien mieux, il a été autorisé à prendre le chemin de fer pour se rendre au camp, parce qu'il avait à procéder à l'embarquement et au débarquement de son cheval et de sa voiture; ses camarades faisaient la route à pied. Pris, quoiqu'un des plus jeunes, comme adjoint au colonel, il fait les manœuvres à cheval. Égalité républicaine.

(2) En référer à M. Piot.

(3) Si la solde est insuffisante, il semble que ce soit une raison pour ne pas la réduire en imposant des dépenses supplémentaires.

(4) Voir la brochure l'**Armée Cléricale**, incidents de Riom. Certains officiers paraissent avoir été très inspiré de ces idées.

« nité de 10 ou 16 francs en manœuvres ou en déplacement. Justement, vos
« frais de service sont faits pour couvrir vos dépenses de service ??..... »

On peut se demander si les parcimonies dont souffrent les uns ne
proviennent pas des largesses faites aux autres.

Il semble que cet incident doit appeler l'attention, non seulement sur la
nécessité de relever les indemnités, mais aussi de modifier le régime des
frais de service, qui ne devraient être payés qu'après justification des dépenses, ou peut-être vaudrait-il mieux décider que les officiers pourvus de
ces frais de service, n'auront droit à aucune autre indemnité pour manœuvres, séjours dans les camps, etc. Les frais de service, faits pour couvrir ces
dépenses, seraient au besoin légèrement augmentés.

Les camps d'instruction supprimés, généralement très bien situés, pourraient être aménagés pour recevoir des colonies scolaires de vacances, des-
tinées aux enfants anémiés des grandes villes.

VŒU. — 1º Les camps, dits d'instruction, sont en principe, supprimés,
il ne pourra en être conservé que quelques-uns qui seront organisés pour
recevoir plusieurs grandes unités à la fois;

2º Les camps supprimés seront remis au ministère de l'Instruction publique pour être aménagés en vue de recevoir des colonies scolaires de vacances;

3º Les indemnités allouées aux officiers et aux sous-officiers rengagés,
pendant leur séjour dans les camps, en manœuvres, tirs ou exercices comportant repas pris au dehors, seront celles fixées au tarif des frais de route
et dites indemnités journalières de route ou de séjour et, suivant le cas,
dites indemnités de repas;

4º Il est interdit, d'une façon absolue, à tout chef, de prescrire une ma-
nœuvre ou un exercice comportant découcher ou repas pris au dehors qui
ne soit couvert, pour les officiers et pour les sous-officiers rengagés y pre-
nant part, par les indemnités journalières ou de repas spécifiées à l'article
précédent.

Suppression : 1º des Cercles, Mess, Pensions d'officiers ; 2º des prescriptions concernant le mariage des officiers.

Dans une démocratie, l'officier doit être en communion de vues et d'idées
avec le peuple son souverain, tout ce qui peut tendre à l'isoler du reste de
la nation, doit disparaître.

Le régime qui lui est actuellement imposé est attentatoire à sa dignité
d'homme appelé à conduire des hommes; il est toute sa vie jugé incapable
de pouvoir se conduire lui-même. Chaque mois, il doit fournir un compte
rendu indiquant qu'il a vécu avec ses camarades et payé sa pension.

Loin de lui permettre de vivre plus économiquement, cette vie en commun
est souvent très onéreuse; d'ailleurs, laissé libre, il pourra se réunir à
plusieurs de ses camarades.

Mais les repas doivent être des moments de délassement et non des
exercices dirigés par les plus anciens. Quant aux dettes, c'est affaire entre
l'officier et ses créanciers, qui, comme pour les autres citoyens, s'adresse-
ront aux tribunaux civils. L'intervention de l'autorité en ces matières, est
abusive, et bien souvent livre l'officier aux chantages d'industriels véreux.

Les cercles, créés surtout dans le but d'isoler l'officier, de le soustraire
aux influences... pernicieuses..., d'en faire un être à part, peuvent convenir à une armée de prétoriens. Ils se justifiaient autrefois lorsque les villes
de garnison n'offraient pas de locaux de réunion. Aujourd'hui, il n'en est
plus ainsi.

Que l'officier se mêle à la nation, qu'il fréquente les cercles littéraires,
les cercles du commerce, de l'industrie, il y gagnera, sa mentalité s'élèvera,
son esprit s'élargira.

L'entretien de ces cercles, plutôt nuisibles qu'utiles, impose aux officiers
des charges assez lourdes qui, ajoutées aux cotisations de toute nature:

bibliothèques, breaks, fêtes de régiment, prix de tir, etc., etc., constituent de véritables réductions de soldes — car la facilité avec laquelle on fait appel à la bourse des officiers est véritablement remarquable.

Une de ces cotisations a contribué à créer l'abus le plus scandaleux qui se puisse imaginer : l'entretien des breaks. Ainsi que le signalait récemment un grand journal, près de 3.000 chevaux et plus de 5.000 cavaliers ou artilleurs sont chaque jour distraits du service pour celui des promenades et même des processions.

Si la présence de ces hommes et de ces chevaux n'est pas nécessaire dans le rang, que les hommes soient renvoyés dans leurs foyers et les chevaux livrés à l'agriculture.

L'Etat et les officiers inférieurs qui profitent peu de ces breaks y gagneront et bien des abus disparaîtront. Récemment un grand journal signalait une garnison d'artillerie où plus de 36 chevaux, une dizaine de canonniers transformés en cochers, sans compter les palefreniers, etc., étaient régulièrement distraits du service et employés à conduire en parties de plaisir des familles d'officiers et de civils aussi bien pensants qu'ennemis du Gouvernement. Bien mieux, ces chevaux, ces canonniers-cochers, conducteurs, servants, avaient conduit de pieuses familles à une procession de vierges — de bois ou de pierre — plus ou moins miraculeuses.

Pour conduire un enfant à l'école ou une bonne au marché, deux soldats et deux chevaux se trouvent distraits du service, c'est scandaleux.

Les prescriptions concernant le mariage des officiers pouvaient se justifier autrefois. Sous la monarchie il était nécessaire que le souverain, pour maintenir l'esprit de caste qui garantissait son autorité, limitât ses relations.

Aujourd'hui le peuple est souverain, rien ne doit donc empêcher l'officier de prendre sa compagne dans le peuple ; d'ailleurs, en agissant ainsi, 90 pour 100 de nos officiers ne dérogeront pas et le reste y gagnera, dans ses enfants, en forces, en vigueurs physiques et morales.

L'obligation d'une dot contraint l'officier de choisir sa compagne dans les milieux plutôt anti-démocratiques, dont il subira les influences. Cette obligation semble avoir créé chez les militaires une mentalité spéciale. Comme d'ailleurs les routiers d'autrefois, toujours prêts à vendre leurs bras au plus offrant, beaucoup se vendront à celle qui, à des charmes médiocres, joindra un gros sac d'écus.

Fréquemment on entend, en public, surtout en public, de jeunes officiers déclarer qu'ils ne se marieraient à moins de tant... Pour eux, la femme n'est rien, l'argent est tout.

L'Etat est le grand coupable en cette matière : l'allocation de soldes insuffisantes d'abord, les dépenses de toutes natures (1) qui lui sont imposées et pour lesquelles aucune indemnité n'est allouée, les fantaisies trop tolérées du commandement, qui frappent surtout l'officier à ses débuts dans la carrière, l'empêchant comme tout honnête homme, comme tout bon citoyen, *d'élever une famille par son travail avec son gain.*

Que l'on ne s'y trompe pas, la vie de famille, plus moralisatrice, dispose mieux l'officier à l'accomplissement de ses devoirs, de *tous* ses devoirs.

Même, faut-il l'ajouter, le célibataire a souvent plus d'attaches que l'officier marié.

Enfin l'officier, citoyen avant tout, ne peut se désintéresser du mouvement des idées qui emporte le pays vers les principes de la démocratie. Electeur et peut-être éligible, il sera obligé de remplir tous ses devoirs envers la République qu'il sert, par son vote et, s'il le faut, par son épée.

VŒU. — 1o Les pensions, mess, cercles sont supprimés ainsi que toutes les prescriptions concernant les dettes des officiers qui, à cet égard, seront soumis aux règles du droit commun ;

2o Toutes cotisations, pour quelque motif que ce soit : bibliothèques,

---

(1) Aux dépenses imposées aux officiers et sous-officiers mariés non couvertes par des indemnités suffisantes, il faut ajouter les déplacements par ordre de service. Rien ne leur est alloué pour le transport de la femme et des enfants, rien pour les frais qu'ils auront à subir pendant le déménagement et en attendant l'arrivée du mobilier (frais de route, d'hôtel), rien pour les bagages des enfants ; l'allocation étant la même pour un ménage de dix enfants et un ménage sans enfant..... (Voir camps d'instruction, traitements de la Légion d'honneur.)

breaks, fêtes de régiment, etc., sont absolument interdites. Il ne pourra en être fait que temporairement et sur autorisation spéciale du ministre;

3º Toutes les prescriptions concernant le mariage des officiers sont abrogées. Dans les 15 jours qui suivront la célébration du mariage, l'officier adressera au ministre un extrait de son acte de mariage auquel il joindra l'acte de naissance de sa femme;

4º Le droit de vote est rendu à l'officier qui est éligible dans les Conseils communaux et départementaux.

Suppression des traitements militaires de la Légion d'honneur

Les militaires, membres de la Légion d'honneur, ont seuls droit à un traitement qui varie entre 250 et 3.000 francs par an. Lors de la création de l'ordre (1), cette différence n'existait pas. Tous, civils et militaires, recevaient un traitement qui, supprimé en 1814, fut rétabli en 1852, par Napoléon III, mais pour les militaires seulement.

Rien ne justifie cette différence, qui, souvent même, produit de véritables anomalies. Décorés pour le même fait après avoir couru les mêmes dangers et rendus les mêmes services (Lagoubran, Martinique, légations à Pékin, missions, etc.), les uns, les militaires ont droit à une allocation, les autres n'ont droit à rien; différence qui se justifie peut-être par la couleur de l'habit. Les civils, il faut le dire, se contentent de l'honneur.

L'objection opposée par le Garde des Sceaux au citoyen Delpech, qui demandait une réduction du crédit affecté à ces traitements, n'est pas très... exacte : « L'allocation accordée, disait il, aux légionnaires membres « de l'armée, n'est qu'une amélioration du traitement ou de la pension... « nos officiers ont une solde médiocre. »

En effet, ceux qui ont une solde médiocre ne sont généralement pas décorés ou ne reçoivent que la modeste allocation de 250 francs (chevaliers), tandis que les traitements de 1.000, 2.000 et 3.000 francs vont généralement à des officiers dont les soldes élevées sont encore augmentées par des frais de service, des indemnités de toutes natures qui, pour eux, sont largement calculées.

Pour répondre à la pensée du Garde des Sceaux et améliorer les soldes modestes, il faudrait, en supprimant les traitements supérieurs à 250 francs, augmenter le nombre des décorés militaires de façon à abaisser l'ancienneté nécessaire ou unifier toutes les allocations à un traitement unique, 400 francs par exemple. Ainsi l'amélioration, non des soldes modestes mais surtout de la situation des officiers subalternes retraités, serait réalisée.

D'ailleurs, ce n'est pas par des allocations à côté, dont ne profitent que quelques-uns qui, souvent, en ont le moins besoin, que les situations doivent être améliorées, c'est par une solde suffisante, c'est en allouant aux officiers et aux sous-officiers des indemnités suffisantes, pour les couvrir des frais qui leur sont imposés pour le service, que l'Etat républicain montrera sa volonté de rompre avec des pratiques qui ne pouvaient que tendre à écarter de la carrière d'officier les citoyens sans fortune.

A côté de ces largesses, véritables gaspillages des deniers publics, on trouve, dans ce même monde militaire, d'odieuses et révoltantes parcimonies.

Tout semblerait indiquer que la République, n'ayant pas assez de ses prêtres, de ses moines, etc., voudrait imposer le célibat aux officiers et sous-officiers, tant elle montre de dédain et d'indifférence pour ceux qui sont mariés. Ainsi : l'officier marié, déplacé pour le service, ne reçoit aucune indemnité pour le transport de sa femme et de ses enfants; n'a droit à aucun supplément de bagages (mobilier) pour ses enfants; n'est pas défrayé des dépenses de voyage et d'hôtel, en attendant l'arrivée de son mobilier,

---

(1) Chevaliers, 250 fr.; Officiers, 500 fr.; Commandeurs, 1.000 fr.; Grands-Officiers, 2.500 fr.; Grands-Croix, 3.000 fr.

qu'il a à faire pour sa famille. Ces déplacements obèrent pour longtemps les ressources des ménages militaires et les condamnent aux privations.

Une disposition rend rêveur. Alors que pour le transport des bagages, il existe pour tous les grades des différences entre célibataires et mariés, les généraux, intendants, etc., ont droit, indistinctement, mariés ou non, au même poids, 6.000 kilos, le triple d'un lieutenant marié, père de 3 ou 4 enfants. Les croit-on tous originaires d'Auvergne ? Réunissent-ils les deux sexes ? Ou est-ce le poids du commandement ?

Les quantités actuelles prévues sont suffisantes pour les ménages sans enfants, mais totalement insuffisantes pour les familles comptant plusieurs enfants.

Dans ces conditions il serait équitable d'attribuer :

1º Une indemnité pour les dépenses de route, d'hôtel, en allouant à la femme et à chaque enfant, pendant un certain temps, l'indemnité journalière de déplacement fixée pour le grade du mari ;

2º Une indemnité kilométrique pour le transport de la femme et des enfants, ou un bon de chemin de fer, etc. ;

3º Un supplément de 500 à 600 kilos de bagages (mobilier) par enfant.

Cette indifférence peut être révoltante, mais la mesure qui arrête la solde d'un officier du jour de son décès, laissant souvent sans ressources la veuve et les orphelins, est monstrueuse et barbare.

Dans nulle autre armée que l'armée française, pareille indifférence n'existe. En Allemagne, en Autriche, en Russie, etc., la veuve et les orphelins reçoivent, à titre de secours, une indemnité égale à plusieurs mois de la solde du mari ou du père.

Enfin, que d'orphelins, faute de bourses, ne peuvent recevoir l'instruction qui leur permettrait de gagner honorablement leur vie.

Ainsi les crédits affectés au traitement des militaires, membres de la Légion d'honneur, seraient mieux et plus humainement employés et donneraient aux familles des officiers une aide plus sérieuse.

Les hauts dignitaires de la Légion d'honneur dont le désintéressement est connu, abandonneront volontiers leurs gros traitements pour venir en aide aux veuves et aux orphelins de leurs anciens compagnons d'armes.

VŒU. — 1º Les traitements des légionnaires membres de l'armée, sont supprimés ;

2º Le crédit de 9.405.000 francs, affecté à ces crédits, est ainsi réparti, savoir :

(a) 4.000.000 de francs à allouer en secours au moment du décès du mari ou du père :

1º A la veuve : 2 mois de la solde ou de la pension du mari, sans que la somme puisse excéder 600 francs, et pour chaque enfant vivant au moment du décès, un mois de la solde ou de la pension, sans que la somme puisse excéder 300 francs par enfant, mais sans limitation du total quant au nombre des enfants ;

2º Aux orphelins de père et de mère, un mois de la solde du père, sans que la somme attribuée à chaque orphelin puisse excéder 400 francs ;

(b) 1.405.000 francs à répartir en indemnités à accorder aux officiers déplacés pour le service, dans les conditions suivantes :

1º Pendant 5 à 8 jours suivant le cas, à la femme et à chaque enfant vivant au foyer familial, l'indemnité journalière de déplacement fixée par le tarif des frais de route pour le mari ou le père ; pour les enfants âgés de moins de 6 ans, il ne sera alloué qu'une demi-indemnité ;

2º Une indemnité kilométrique pour le transport de la femme et des enfants. Cette indemnité pourra être remplacée par un bon de transport ;

3º Une allocation supplémentaire de bagages pour chaque enfant vivant, habitant ou non le foyer familial, à raison de 500 kilos pour les enfants de lieutenants (plus jeunes) et 600 kilos pour les enfants des capitaines, des officiers supérieurs et des généraux ;

(c) 4.000.000 de francs en bourses dans les lycées, collèges et autres établissements d'instruction. Ces bourses attribuées aux enfants des légionnaires, ne donneront lieu, comme celles provenant des économies réa-

lisées par la suppression du Prytanée, des écoles militaires préparatoires, des Maisons d'éducation de la Légion d'honneur, etc., à aucun examen d'aptitude pour les enfants âgés de moins de 17 ans. Elles marqueraient un pas sérieux fait vers la gratuité de l'enseignement secondaire, car les nouveaux boursiers n'imposent que leurs dépenses propres d'entretien; les frais généraux restant les mêmes, que le collège ou lycée ait 600 ou 650, même 700 élèves, ces bourses pourront être augmentées, multipliées, tout en faisant réaliser de sérieuses économies à l'Etat.

Les examens que subissent les candidats à la bourse ne signifient rien. Le plus souvent ils ne donnent même pas une présomption d'aptitude. Des enfants devenus, sinon des hommes remarquables, mais qui ont tout au moins admirablement réussi par la suite, n'ont sérieusement travaillé qu'à partir de 14, 15 et même 16 ans. Les fruits qui mûrissent trop vite sont rarement bons.

Cette amélioration de la situation des officiers mariés, proposée dans les diverses parties de ce rapport, permettra à l'officier de rentrer dans le droit commun. Il pourra se marier sans appréhension, suivant ses goûts.

Réforme des pensions des veuves et des secours aux orphelins

Ces pensions et secours régis par les articles 19, 20 et 21 de la loi du 11 avril 1831, par l'article 1er de la loi du 21 juin 1878, consacrent l'iniquité la plus choquante.

La veuve sans enfant a droit à la même pension que la veuve mère de dix enfants.

L'orphelin unique reçoit pour lui seul le même secours que les huit orphelins d'un officier ou fonctionnaire.

Pour la veuve sans enfant, pour l'orphelin unique, c'est, sinon la fortune, du moins une large aisance.

Pour la mère de 6 ou 8 enfants, pour les 7 ou 8 orphelins, c'est la misère.

Et cependant quels sont ceux qui ont mieux servi ou apportent le plus de force à la patrie?

Est-ce la femme qui, le plus souvent, a vécu dans les plaisirs, ou la mère qui a donné à la patrie des citoyens?

Est-ce l'orphelin unique qui n'apporte qu'un bras à la défense du pays ou ceux qui opposeront huit poitrines à l'envahisseur?

La législation française ne tend-elle pas à favoriser cette dépopulation dont on se lamente plus ou moins hypocritement?

L'Etat républicain doit non à l'orphelin, mais à chaque orphelin de ceux qui l'ont servi, un égal secours.

Le secours aux orphelins est dû jusqu'à la majorité du dernier; d'où il suit que le dernier d'une nombreuse famille qui, lorsqu'il était jeune, n'a pu recevoir l'instruction nécessaire, se trouvera, pendant quelques années, jusqu'à sa majorité, dans une situation aisée. Malheureusement il sera trop tard.

Et n'y a-t-il pas exagération à allouer 3.500 francs chaque année à l'orphelin unique d'un général, lorsque les 7 ou 8 orphelins d'un capitaine auront à se partager 1.100 francs — d'autant plus que ceux-ci ne disposeront pas des économies que les parents du premier auront pu réaliser.

Enfin, faut-il le dire, ces 3.500 francs si généreusement octroyés ne passent-ils pas le plus souvent entre les mains des congréganistes, chez lesquels il va faire ses études, dédaignant ainsi l'enseignement d'un Etat qui l'entretient si largement?

L'Etat doit aux veuves de ses serviteurs l'existence assurée et non la vie large, mais il la doit à toutes et surtout à celles qui ont servi la patrie en lui donnant des citoyens.

Aux orphelins il doit aussi et avant tout, leur assurer les moyens de gagner leur vie.

Les pensions de veuves doivent être réduites au cinquième, au lieu du tiers du maximum de la pension du mari, mais majorées d'un supplément par enfant vivant au moment du décès.

Les secours aux orphelins doivent comprendre un secours en argent, strictement nécessaire pour pourvoir aux besoins matériels, et une bourse dans un lycée, collège ou école de l'Etat. Libres à ceux qui ne voudront pas en profiter d'aller ailleurs.

VŒU. *(Projet de loi).* — **Art. 1er.** — A dater de la promulgation de la présente loi, les pensions des veuves de militaires et marins, non encore inscrites au grand livre de la Dette publique, qui, aux termes de la loi du 20 juin 1878 étaient fixées au tiers de la pension d'ancienneté affectée au grade dont le mari était titulaire, seront fixées au cinquième dudit maximum;

Toutefois la pension des veuves des lieutenants ou assimilés sera portée à 600 francs;

Art. 2. — Ces pensions seront majorées par chaque enfant vivant et quel que soit son âge, d'une somme de 300 francs pour les veuves d'officiers subalternes, 350 francs pour les veuves d'officiers supérieurs, 400 francs pour les veuves d'officiers généraux;

Art. 3. — Les veuves des militaires tués sur le champ de bataille ou dont la mort aura été causée par des événements de guerre ou par des accidents en service commandé, auront droit à une pension qui sera du quart du maximum de la pension d'ancienneté affectée au grade dont le mari était titulaire. La pension des veuves des lieutenants ou assimilés sera de 700 francs;

Art. 4. — La majoration accordée par l'article 2 ci-dessus, pour chaque enfant vivant sera, dans les cas visés par l'article précédent, de 400 francs pour les veuves d'officiers subalternes, 450 francs pour les veuves d'officiers supérieurs, 500 francs pour les veuves d'officiers généraux;

Art. 5. — Le secours aux orphelins sera, pour chaque orphelin, de 400 francs pour ceux des officiers subalternes, 500 francs pour ceux des officiers supérieurs et 600 francs pour ceux des officiers généraux;

Art. 6. — Lorsque le décès du père se sera produit dans le cas visé par l'article 3, le secours sera porté à 500 francs pour chaque orphelin d'officier subalterne, 600 francs pour chaque orphelin d'officier supérieur, 700 francs pour chaque orphelin d'officier général;

Art. 7. — Les secours aux orphelins seront payés jusqu'à leur majorité;

Art. 8. — Des bourses entières d'internat dans les lycées, collèges, écoles de l'Etat, seront accordées aux orphelins;

Art. 9. — Les bourses concédées en vertu de l'article précédent seront accordées sans examen et sur la simple demande de la mère ou du tuteur; elles ne pourront être retirées que par décision présidentielle, prise sur le rapport du ministre de l'Instruction publique, d'après l'avis motivé d'un Conseil de discipline et lorsque tous les moyens de répression, tels que le changement d'établissement, etc., auront été employés.

Ces modifications n'entraîneront aucun supplément de dépenses pour l'Etat, les familles militaires ne dépassant pas en moyenne 2 enfants. L'attribution de bourses sera compensée par la réduction des secours. Les boursiers, il ne faut pas l'oublier, n'imposeront que leurs frais propres d'entretien et seulement jusqu'à leur sortie du lycée, généralement avant leur majorité, et le secours complet est actuellement payé jusqu'à la majorité du plus jeune.

Réforme des Conseils de guerre, des Conseils de discipline. — Modifications apportées au droit de punir

La question de la suppression pure et simple de toute juridiction militaire est très complexe. L'opinion publique n'est peut-être pas suffisamment préparée à voir les tribunaux civils connaître des crimes et délits purement militaires.

Dans l'intérêt des populations qui pourraient en être les premières victimes, beaucoup, parmi les républicains, appréhendent de voir naître l'indiscipline dans l'armée.

Cependant, tous reconnaissent que cette discipline qui repose sur l'arbitraire, qui acquitte le chef rebelle pour frapper le soldat, toujours moins coupable, est odieuse et mensongère.

Dans la nation armée, composée de citoyens venant remplir un devoir et non faire un métier, la discipline doit s'inspirer de bienveillance, d'équité, et de justice et non reposer sur la crainte des châtiments.

Dans les armées de la Révolution, dont les drapeaux portaient comme devise : Discipline, Soumission aux lois, la discipline, parfois sévère, était toujours bienveillante et équitable; elle était faite d'affection, de bienveillance mutuelles du chef et du soldat, unis dans un même sentiment de dévouement à la République, elle était égale pour tous.

L'armée du Rhin, modèle des vertus civiques, les armées de Hollande et des Pyrénées, admirables de désintéressement et de dévouement, étaient des modèles de discipline et peuvent servir d'exemple aux armées citoyennes de demain.

Poussé par l'opinion publique, le ministre de la Guerre a déposé un projet de réforme du code de justice militaire, d'ailleurs totalement insuffisant, qui pour être adopté, nécessitera de longues discussions et réclamera plusieurs années, peut-être plusieurs législatures. En attendant, quantité de malheureux continuent à être frappés avec la barbarie que l'on sait.

Il semble, cependant, qu'il serait possible d'obtenir un résultat immédiat, réalisant, tout au moins, quelques améliorations. Certaines modifications, admises par tous, par la majorité des citoyens tout au moins, ne peuvent donner lieu à de longues discussions. Telles sont:

Retirer aux tribunaux militaires la connaissance des crimes et délits de droit commun, commis par des militaires, qui deviendront justiciables des tribunaux civils et seront passibles des peines édictées par le code de justice civile, avec la loi de sursis.

Déjà, quand il y a un complice civil, les tribunaux militaires sont dessaisis.

Réduire le minimum des peines édictées par le code de justice militaire pour crimes et délits purement militaires.

Les tribunaux militaires auront ainsi une latitude plus grande, et le maximum étant maintenu, même les partisans des rigueurs excessives n'auront pas à discuter, tout pourra être voté.

Afin d'éviter les équivoques, les tribunaux militaires n'ayant plus à connaître que des délits purement militaires, prendraient le nom de Conseils de discipline de corps d'armée.

La création de juges militaires ne constituerait pas un progrès au début, peut-être seraient-ils animés de sentiments démocratiques. Mais petit à petit, l'esprit de caste se formant, ils deviendraient plus mauvais que les juges actuels.

Les condamnations ou acquittements qui ont ému l'opinion publique ne sont imputables qu'à la mentalité des chefs militaires. Que cette mentalité soit améliorée, que les cadres d'officiers soient démocratisés et tous ces abus ne se reproduiront plus.

A ces modifications qui dépendent du pouvoir législatif s'en ajouteront d'autres qui, plus modestes en apparence, mais cependant tout aussi importantes, dépendent du ministre, elles concernent les *Conseils de discipline des corps et le droit de punir.*

Les soldats traduits devant un Conseil de discipline, ignorent le plus souvent les faits sur lesquels s'appuie leur traduction devant ce Conseil. Ils savent qu'à la suite d'une faute ils auront à comparaître devant un Conseil de discipline, mais les termes du rapport dressé contre eux leur sont inconnus.

De plus, traduits brusquement devant ce Conseil de discipline, ils n'ont pu se reconnaître, chercher un appui, trouver des conseils : car en prison personne ne communique avec eux et, ainsi, comparaissant devant un tribunal dont la composition les émotionne, ils ne savent que dire et ne disent rien pour leur défense.

Tout homme traduit devant un Conseil de discipline, devrait être averti assez longtemps à l'avance et recevoir communication de tous les rapports, plaintes, rédigés contre lui. Il devrait également pouvoir se faire assister

par un officier ou sous-officier d'un corps du service de la garnison et réclamer l'audition des témoins qu'il jugerait utiles à sa défense.

La discipline n'a rien à perdre à se montrer franche et loyale et à agir au
grand jour.

Quant au droit de punir, il est resté à peu près ce qu'il était il y a 70 ans.
Comme les vieux sous-officiers et brigadiers d'autrefois, les jeunes gradés
d'aujourd'hui peuvent punir les jeunes citoyens appelés au service.

Les petites punitions journalières, ces quelques jours de consigne infligés
bien souvent très légèrement sont, il ne faut pas l'oublier, des avenues
largement ouvertes vers les Conseils de discipline, voire même vers les
Conseils de guerre.

Que de fois des protestations naturelles, des explications même se sont
transformées en réponses inconvenantes, etc.

Il ne faut pas oublier que le brigadier, dont le pouvoir est cependant si
grand, puisqu'il peut conduire un citoyen au Conseil de guerre, n'est pas
un gradé ou du moins ne devrait pas être un gradé, ce n'est qu'accidentel-
lement qu'il devrait avoir un commandement et il serait désirable que l'organisation des unités se trouvât modifiée en ce sens.

Hors le cas de force majeure, de commandement inopiné, le premier
appelé à exercer une autorité devrait être le sous-officier.

Le droit de punir ne saurait être entouré de trop de garanties et c'est
seulement à partir du grade de capitaine qu'il devrait être exercé.

Les pénalités sont également exagérées, elles sont mêmes plus dures
qu'autrefois.

La prison qui, pour le professionnel, n'était qu'une peine matérielle qu'il
subissait d'ailleurs très gaillardement, est devenue, par l'article 47 de la loi
du 15 juillet 1889, une peine d'une gravité exceptionnelle et qui peut priver
de tout moyen d'existence, de tout travail, le soldat maintenu au corps.

Le capitaine, qui ne peut accorder une permission de 24 heures, a le droit
d'infliger 8 jours de prison, de prolonger la durée du service militaire.

Comme avec les professionnels qu'il fallait souvent mater par la rigueur
des châtiments, la discipline, dans la nation armée, repose uniquement sur
la crainte.

Que maintenant on songe à la dépression morale, à l'affaissement phy-
sique d'un jeune homme de 22 ou 23 ans, qui vient de *tirer*... 60 jours de
prison.

Que l'on songe aussi que ces 60 jours ont été infligés par un chef (1) qui
a prononcé sur le simple vu d'un libellé de punition, tout au plus après la
lecture d'un rapport, qui n'a ni vu, ni entendu l'homme qu'il frappe si
durement.

Toutes ces méthodes sont d'un autre âge ; elles ne répondent en aucune
façon à la composition des armées modernes.

La discipline qui n'a pour se maintenir que la rigueur des châtiments et
la sévérité des punitions, est factice, menteuse, toute de surface, elle ne
tiendra plus en campagne quand il n'y aura plus de salle de police ni de
prison.

Le gradé ayant à se plaindre d'un de ses inférieurs, adressera une plainte
à son commandant de batterie ; au reçu de cette plainte, le capitaine fait
une enquête, prononce, s'il y a lieu, une punition qu'il soumet à son chef
d'escadron. Cet officier supérieur après avoir entendu le plaignant et l'inculpé, maintient ou supprime la punition, qui ne devient définitive qu'après
son approbation.

Le plaignant, l'inculpé, le commandant de batterie, s'il y a lieu, pourront
toujours recourir au chef de corps.

Si le militaire appartient à une autre batterie ou à un autre corps, le supérieur adressera sa plainte, suivant le cas, au chef d'escadron, au colonel ou
au commandant d'armes. La plainte sera transmise au capitaine qui procé-
dera comme il a été dit, mais dans ce cas ce sera l'officier supérieur ayant

---

(1) N'est-il pas monstrueux de condamner un homme à 60 jours de prison sans l'avoir vu
entendu ?.....

reçu la plainte qui statuera en dernier ressort, le recours à l'autorité supérieure étant toujours admis.

1er VŒU. — Qu'une loi soit immédiatement votée, ayant pour but :

1o Dessaisir les tribunaux militaires de la connaissance des crimes et délits de droit commun, commis par des militaires qui seront toujours justiciables des tribunaux civils ;

2o Qu'afin d'éviter toute équivoque, toutes contestations, les Conseils de guerre prennent le nom de Conseils de discipline de corps d'armée ou de 2e degré, par opposition aux Conseils de discipline des régiments ou de 1er degré, ces Conseils de discipline fonctionnant jusqu'à ce qu'il en soit statué autrement, dans les mêmes conditions que les Conseils de guerre actuels ;

3o Que la loi de sursis soit rendue applicable aux condamnations prononcées par les Conseils de discipline, pour crimes ou délits militaires ;

4o Qu'en attendant le vote d'un nouveau code de justice militaire, le minimum des peines édictées par le code de justice militaire actuel soit abaissé dans de très fortes proportions.

2e VŒU. — Que les modifications suivantes soient apportées aux différents règlements de service :

(a) Conseils de discipline des soldats, ajouter (art. 343) :

1o Le canonnier traduit devant un Conseil de discipline de régiment peut se faire assister par un officier ou sous-officier de son régiment ou de la garnison. Il peut également réclamer l'audition de toutes les personnes dont le témoignage pourrait être utile à sa défense ;

Le président du Conseil de discipline l'avise ou le fait aviser par l'officier chargé d'établir le rapport, au moins 8 jours à l'avance, du jour, du lieu et de l'heure de sa comparution. Copie des pièces et rapports établis contre lui, lui est remise par le rapporteur qui doit s'informer du nom du militaire qu'il désire prendre comme défenseur et des témoins qu'il désire faire entendre ;

Aucune pièce autres que celles dont il aura reçu copie ne pourront être communiquées au Conseil. Les dépositions des témoins auront lieu en présence du soldat traduit ;

Ces prescriptions seront applicables aux Conseils d'enquête des officiers et des sous-officiers.

(b) Droit de punir, modifier ainsi qu'il suit (art. 320) :

1o Le droit de punir s'exerce à partir du capitaine commandant de batterie. Tout gradé ayant à se plaindre d'un inférieur adresse un rapport à son commandant de batterie qui fait aussitôt une enquête et, s'il y a lieu, prononce une punition qu'il soumet à son chef d'escadron qui peut la réduire, la supprimer ou l'augmenter dans la limite de ses droits ;

Si le militaire, objet de la plainte, appartient à une autre unité, batterie, groupe ou régiment, le gradé plaignant adresse son rapport au chef d'escadron commandant le groupe, au colonel commandant le régiment ou au commandant d'armes. Ce rapport est transmis au commandant de la batterie qui procède comme il a été dit ;

Dans ce dernier cas, c'est l'officier supérieur qui a reçu la plainte, qui prononce en dernier ressort ;

Le plaignant, le commandant de la batterie, l'incriminé ont toujours recours à l'autorité supérieure.

2o Par qui les punitions sont ordonnées (art. 331, 333) :

	8 j. de cons.	4 j. de salle de pol. ou cons. à la ch.	2 j. de prison
Par les capitaines commandants	8 j. de cons.	4 j. de salle de pol. ou cons. à la ch.	2 j. de prison
les chefs d'escadron	8 id.	6 id.	id.	3 id.
les colonels	8 id.	8 id.	id.	4 id.
les généraux de brigade	8 id.	8 id.	id.	6 id.
les généraux de division	8 id.	8 id.	id.	8 id.
les com^{dts} de corps d'armée	12 id.	12 id.	id.	12 id.

(c) Permissions pour quitter la garnison, ajouter :

Par le capitaine commandant de batterie jusqu'à concurrence de 2 jours ;

— les chefs d'escadron . . . . — — 3 jours.

Droit de récompense et d'encouragement égal au droit de punition de prison.

Certificats de bonne conduite

L'importance que peut avoir le certificat de bonne conduite est parfois considérable. Bien des chefs de maison le réclament avant d'engager un employé, un serviteur, son absence peut donc réduire à la misère un malheureux, coupable, la plupart du temps, de légèretés que son âge, 22 à 24 ans, peut d'ailleurs excuser. Sans compter qu'il arrive que les punitions subies proviennent quelquefois de malveillance ou d'irréflexions de gradés trop jeunes.

L'homme auquel il est refusé, parfois arbitrairement, est marqué pour toute sa vie d'une sorte de tare et il a 24 ans.

L'armée n'est plus composée comme autrefois d'hommes servant jusqu'à la vieillesse; pour eux les refus étaient moins graves tout en étant plus justifiés.

Il ne semble pas que ces principes d'humanité et de bon sens, aient pénétré dans l'esprit de certains chefs. Habitués à l'arbitraire, trop élevés, se croyant trop au-dessus du peuple pour comprendre ses besoins ou compatir à ses souffrances, durs et inflexibles pour ceux qui ont le malheur de servir sous leurs ordres, ces chefs prononcent, sans se préoccuper si leur décision ne va pas briser la vie d'un homme.

Le fait suivant démontrera la nécessité d'adopter des mesures protectrices plus efficaces que ces circulaires, ces décrets toujours violés.

En décembre 1902, deux soldats, G... et C... appelés à être prochainement libérables, furent soumis aux formalités édictées pour la délivrance des certificats de bonne conduite.

Le capitaine et le commandant émirent un avis absolument favorable et la commission accorda ce certificat à l'unanimité pour G... et à la majorité de 4 voix contre 1 pour C...

Le dossier transmis à la brigade, fut retourné par le général B... qui ne craignit pas de manifester son mécontentement de cette décision et prescrivit une nouvelle délibération.

Le capitaine et le commandant consultés à nouveau, émirent le même avis très favorable à la délivrance de ce certificat que la Commission accorda à l'unanimité pour G... et à la même majorité pour C...

Cette fois, ne tenant aucun compte de l'avis des chefs directs de ces deux hommes, du double vote favorable de la Commission, le général B... refusa, purement et simplement, le certificat de bonne conduite à ces deux malheureux.

Et, contradiction étrange et qui justifie la désision bienveillante qu'avaient prise les membres de la Commission, quelques jours après, le 15 janvier, le soldat G... se voyait l'objet d'une faveur. En récompense de sa bonne conduite, la durée de son maintien au corps (article 47) était réduite.

Deux décrets parus le 2 novembre 1902, c'est-à-dire quelques jours avant, semblaient vouloir inspirer un peu de bienveillance chez ceux appelés à se prononcer. Visant les plus coupables, il y était dit notamment: « Que les « disciplinaires réintégrés dans les corps peuvent obtenir, au titre de ces « corps, et quel que soit le temps de service qu'ils y ont passé, un certificat « de bonne conduite, si la Commission spéciale les en juge dignes. »

Il n'est donc nullement question dans ces décrets, du refus possible du général, et, comme il est d'usage, ces prescriptions nouvelles auraient dû abroger les anciennes. Ils ont été violés dans leur esprit, tout au moins.

Le refus d'un certificat de bonne conduite ne peut être livré à l'arbitraire, au bon plaisir d'un homme, surtout lorsque cet homme, comme cela semble être le cas, trop élevé, ne connaît pas, ne s'est pas donné la peine d'entendre celui auquel il inflige une telle *peine*.

Jamais la décision d'un Conseil, d'une Commission, ne devrait être modifiée au détriment d'un homme, surtout quand cet homme est un être presque sans défense et sans appui. Jamais aussi un refus, dont les conséquences peuvent être si graves, ne devrait être prononcé sans que le soldat ait été entendu, appelé à se défendre.

Et, depuis cet acte d'arbitraire, coïncidence aussi triste que regrettable, les refus se sont multipliés. Le général a-t-il persévéré dans son arbitraire? La Commission a-t-elle capitulé? Le nombre des mauvais sujets, des soldats indisciplinés a-t-il augmenté? Une enquête le prouvera, Les républicains la réclament, car s'il importe de rappeler au sentiment de justice et d'humanité les chefs qui abusent du pouvoir qu'ils tiennent de la République, il est nécessaire de maintenir la discipline dans l'armée.

Un régiment qui a tant d'hommes privés du certificat de bonne conduite, doit probablement laisser à désirer au point de vue de la discipline.

VŒU. — Modifier les règlements de service intérieur :

Le certificat de bonne conduite est accordé ou refusé sur la proposition d'une Commission, d'après l'avis, motivé en cas de refus, du capitaine et du commandant ;

En cas de refus de la Commission, le soldat sera traduit devant un Conseil d'enquête, dont ne pourront faire partie les membres de la Commission, il pourra se faire assister d'un officier ou sous-officier de la garnison et réclamer l'audition des personnes dont le témoignage pourrait être utile à sa défense ;

Les rapports, pièces du dossier, lui seront communiqués 3 jours au moins avant sa comparution ;

La décision du Conseil ne pourra être modifiée qu'en faveur du soldat, ou, ce qui serait peut-être préférable, étant donné la mentalité du commandement qui, ainsi que le prouve le fait ci-dessus, ne semble admettre que difficilement des décisions contraires à ses volontés, *supprimer les certificats de bonne conduite.*

Suprématie du pouvoir civil

La suprématie d'un pouvoir sur l'autre ne se discute pas, mais s'impose.

Il n'en est malheureusement pas ainsi du pouvoir civil; malgré des votes, plus solennels les uns que les autres, l'autorité militaire, ainsi que l'indique le fait suivant, continue à se moquer de l'autorité civile.

Le 21 mai 1903, le fourrier M..., d'un régiment d'infanterie, provoquait à Monton (Puy-de-Dôme), un très regrettable scandale.

Après avoir fait l'apologie des anciens régimes, ce sous-officier injuriait grossièrement le Gouvernement de « cette sale République qui rongeait le pays jusqu'à la moëlle des os », annonçait qu'il avait pris part, sans y avoir droit, à une élection municipale, « ces sales républicains étant trop bêtes et trop lâches pour l'en empêcher »; insultait grossièrement le citoyen S..., conseiller général du canton, à ce moment absent; enfin se vantait que toute plainte adressée contre lui serait jetée au panier par ses chefs.

Un des assistants, jeune homme de 19 ans, lui ayant fait remarquer que, dans sa bouche, de pareils propos étaient déplacés, M..., furieux, se jetait sur lui, le frappait avec une telle brutalité qu'il le renversait et rendait nécessaire l'intervention des personnes présentes.

Le père de ce jeune homme adressa, le 24 mai, à M. le général commandant le 13e corps, une plainte contre le sous-officier M..., plainte qui fut appuyée par une lettre écrite le même jour par le citoyen S..., réclamant une enquête.

Trois semaines après, le 12 juin, n'ayant reçu aucune réponse, pas même un simple accusé de réception, l'honorable conseiller général écrivit à nouveau au général commandant le 13e corps, pour lui demander quelle suite il comptait donner à cette affaire et lui signalait une nouvelle provocation du fourrier M... qui, le 7 juin, était retourné à Monton insulter ces « sales républicains trop lâches pour lui faire enlever ses galons ».

Cette affaire, au début surtout, pouvait paraître peu importante; une punition légère, même à la rigueur une réprimande, infligée par la voie du rapport, aurait satisfait les républicains, à la condition, toutefois, que la mesure prise leur fut communiquée.

Mais la récidive du fourrier retournant à Monton renouveler ses insultes et surtout l'attitude arrogante et dédaigneuse prise par l'autorité militaire, aggravait singulièrement la situation.

En effet, après de longues et sans doute... laborieuses réflexions, le général commandant le corps d'armée se décidait à rompre le méprisant silence que jusque là il avait observé, il répondait à M. S... pour lui... infliger un démenti à peu près formel.

L'insolence de cette réponse avait sans doute été provoquée par le ton plutôt respectueux de la lettre de l'honorable conseiller général. L'autorité militaire s'était cru tout permis avec un homme trop poli.

Après avoir annoncé qu'il avait fait faire une double enquête : sur les lieux par la gendarmerie, au corps par les chefs hiérarchiques, s'appuyant sur les dires du maire et de conseillers municipaux réactionnaires qui, véritable comble, n'avaient pas assisté à l'incident, le général contestait les dépositions des témoins qu'il accusait presque de faux témoignages, parce qu'elles étaient trop concordantes, trop identiques.

Enfin, ce perspicace guerrier, ne voulant pas rompre avec l'usage établi dans l'armée républicaine, terminait par l'éloge du fourrier M... qui était un excellent sous-officier; probablement aussi bien noté que les officiers mis en jugement pour refus d'obéissance, etc.

Quant à l'enquête faite par le colonel du ... clérical infanterie, elle avait abouti à la glorification du fourrier. Complimenté, dit-on, par son colonel, félicité par le général de brigade, célèbre par les enquêtes faites sur les incidents de Riom et par une sortie, plutôt brutale, à propos du mariage des sous-officiers, le sous-officier M... devait se croire autorisé à recommencer, ce qu'il fit le 7 juin.

Indignés, les républicains protestèrent, une plainte fut adressée au président du Conseil, qui ordonna une contre-enquête.

Cette enquête, faite par l'autorité civile, confirma complètement toutes les allégations de M. S... et les dépositions des témoins entendus par la gendarmerie. Bien mieux, elle révéla la participation irrégulière du fourrier M... à une élection municipale dont n'avait pas parlé l'honorable conseiller général.

Obligé cette fois de sévir, le général commandant le corps d'armée infligea au fourrier M... 15 jours de consigne au quartier, mais il lui accorda le *bénéfice de la loi de sursis* — cela vaut la dérisoire condamnation infligée au commandant Pérot.

On ne pouvait se moquer plus agréablement de la République et des républicains. Quant aux injures proférées contre le Gouvernement, contre la République, cela méritait plutôt des éloges; le fourrier M... était devenu un excellent sous-officier méritant de l'avancement.

Quant à l'attitude de ces chefs militaires qui encouragent, excitent par leurs félicitations, à manifester contre la République, ou à ces enquêteurs qui travestissent la vérité, ou à ces officiers d'état-major qui rédigent et font signer d'aussi insolentes lettres, pas même un mot de blâme.

La République sera-t-elle toujours ridiculisée? le pouvoir civil bafoué par une autorité militaire qui, toute subordonnée qu'elle devrait être, se croit au-dessus des lois et du droit?

Voter de solennels ordres du jour sur la suprématie du pouvoir civil c'est bien, l'imposer serait mieux.

Que les drapeaux de la République reprennent la devise inscrite sur les drapeaux de la Révolution : **Discipline, Soumission aux lois.**

Et que cette discipline, que cette soumission aux lois soient imposées à tous les militaires, aux chefs surtout. Le salut de la République l'exige.

La Loge Maçonnique les Enfants de Gergovie demande à toutes les Loges, à toutes les Associations et Ligues républicaines, de mettre à l'étude toutes les propositions qu'elle leur soumet afin d'obtenir la décléricalisation et la démocratisation des cadres de l'armée républicaine.

Elle les sollicite aussi de prendre les mesures nécessaires pour mettre un terme à ces procédés d'étouffement et de dissimulation qui, trompant le pays sur le véritable esprit des cadres de l'armée, tendent à lui inspirer une sécurité dangereuse.

Composé et imprimé par des ouvriers syndiqués.

Imp. La Laborieuse, 18, Place de Jaude, Clermont-Fd.

9 782019 960292